넘어지는 것도 스펙이다

김현지 지음

「 20대, 일찍 실패하는 전략 」

To. _____

넘어지면 뭐 어때!

좀 앉았다가

다시 일어나면 그만이야!

들어가는 말

'나는 문제투성이야.'

살면서 크고 작은 문제를 마주할 때마다 이런 생각이 머릿속을 맴돌았다. 부족하고, 나쁘고, 틀린 사람, 스스로를 고쳐야 할 문제투성이로 여기며 수치심 속에서 허덕였다. 가끔은 인생의 전원을 꺼버리고, 닌텐도 게임 처럼 리셋해 다시 시작하고 싶었다. 세상이 나에게 가혹하다고 느껴질 때는 피해의식이 몰려왔고, 과거를 되새기며 왜 나는 여전히 같은 자리일까 자책하기도 했다. 심지어 오래된 일기를 꺼내 보며 "왜 난 아직도 이 모양일까"라는 생각으로 부정적인 생각의 꼬리에 꼬리를 물었다. 그러다 스스로를 민폐로 여긴 나머지 죽는 것만이 답이라는 극단적인 결론에까지 이르렀던 적도 있다.

처음으로 죽을 것 같은 고통에 크게 넘어졌을 때는 다시는 그런 일을 겪지 않으리라 생각했다. 살면서 겪어야 할 고통의 총량이 정해져 있다고 믿었기 때문이다. 그래서 응급실에 갈 정도로 심각한 정신적 고통을 겪고 난 후에는 '이제 더는 고통이 없겠지'라고 안심했다. 하지만 두 번째, 또 넘어졌을 때, 그 안심은 방심에 불과하다는 것을 깨달았다.

'괴로운 순간은 언제든 다시 찾아올 수 있겠구나.
나는 또 넘어질 수밖에 없겠구나.'

그 깨달음은 처음엔 절망적이었다. 하지만 지금은 마냥 절망스럽지만은 않다. 20대 초중반의 나는, 그리고 아마도 우리는 가장 흔들리고 넘어져야 할 시기를 살고 있다는 사실을 머리로만이 아니라 가슴으로도 받아들였기 때문이다. 그리고 넘어졌을 때 다시 일어나는 법을 완벽히 찾았다고 말할 순 없지만, 적어도 기약 없이 주저앉아만 있지는 않을 방법 정도는 알게 된 것 같다.

무엇보다 넘어지는 것도 스펙이 될 수 있다는 걸 알려주고 싶다. 여기서 스펙이란 단순히 취업시장, 연애시장 같이 누구에게 잘 보이기 위한 수단이라기보다는, 정말 내가 살면서 갖추면 든든한 무기 같은 자산을 의미한다. 넘어지는 것, 즉 실패라고 여긴 것들 모두가 나에게 큰 자산이 될 수 있음을 깨달았으면 하는 작은 바람이다. 그리고 그 전략을 가장 효과적으로 실행할 수 있는 시기가 바로 지금, **20대**다. 실패에 대한 두려움이 크다면, 오히려 더 일찍 넘어져 봐야 한다. 넘어짐이 당연한 과정이라는 걸 알게 되면, 한 번의 실패로 무너지지 않는 힘도 자연스레 길러질 테니까.

지금도 나는 감정과 생각에 휘둘리며 넘어지는 삶을 살고 있다. 마치 전염병처럼 주기적으로 찾아오는 이 불안정한 시간들은 발 뻗고 잘 때쯤 찾아오는 것 같다. 과거의 나와 지금의 내가 다른 점은 단 하나다. 이제는 더 이상 그 모든 것이 두렵지 않다는 것. 아니, 솔직히 말하면 두려움이 전혀 없는 건 아니다. 하지만 이제 그 두려움은 맞설 만한 가치가 있다는 걸 안다. 그리고 앞으로도 계속 넘어질 거라는 걸 알기에, 두려움 자체를 두려워하지 않게 됐다.

이 책은 내가 그런 두려움과 마주했을 때의 이야기를 담았다. 그 속에서 겪었던 시행착오와 떠올랐던 작은 생각들을 당신과 나누고 싶다. 앞으로도 나는 계속 넘어질 거고, 또다시 일어날 것이다. 이 책을 읽고 있는 당신 역시 넘어질 수 있고, 다시 일어설 수도 있을 것이다. 그럴 때 어떤 마음가짐을 가지면 좋을지, 함께 이야기를 나눠보고 싶다.

이 책이 당신에게 용기를 줄 수 있기를, 그리고 나처럼 조금은 무모해질 수 있기를. 어쩌면 이 책이 당신이 넘어졌을 때 상처 위에 붙이는 반창고가 되었으면 한다. 그리고 스스로를 극단적으로 몰아세우는 순간이 찾아올 때, '나만 그런 게 아니구나'라는 작은 위안이라도 받을 수 있다면 더 바랄 게 없을 것 같다. 흔들리고 있는 지금, 이 글을 읽는 당신이 나와 함께 조금은 더 단단해지길 바란다.

이 책을 쓰기까지 아낌없는 도움과 사랑을 주신 이고에그 선생님들, 친구들, 그리고 우리 가족들에게 진심으로 감사드립니다.

그리고 이 책을 읽기로 선택한 독자 당신에게도 감사를 표합니다.

목차

1장. 나는 넘어지고 또 넘어졌다

죽을 뻔한, 죽고 싶었던	16
MUST 는 없다	22
착한 아이 콤플렉스 중증	27
처음부터 완벽하고 싶었다	32
수없이 흔들리고 있을 대학생들에게	37
남 탓, 상황 탓, 세상 탓	41
나의 가장 열렬한 안티팬인 나	46
불신을 확신했던	50
꼬리에 꼬리는 무는 부정적 생각	54
나보다 다 나은 것 같아	58
병명은 극소심증입니다	63
프로 연쇄 회피자	68
생각으로만 했던 진로 고민	73
처음부터 성공하고 싶었다	76
의미 없는 의미부여	80
자기연민의 연례행사	84
이 상처가 너의 사랑인줄 몰랐어	89

2장. 솟아날 구멍을 찾고 있었을지도 모른다

세상에 정답은 없다지만 오답인 것만 같아	95
날 벼랑 끝으로 몰고간 건 남이 아닌 나	99
이게 무슨 소용이 있어? 있다!	103
일을 벌여 놓길 잘했다	107
저능한 게 아니라 게으른 거지	111
끝이 아니라 과정이라면?	115
항상 모든 순간엔 의미가 있었다	119
그게 뭐 어떤데	124
왜 넘어지면 안 된다 생각해?	129
돈보다 시간을 잃는 게 더 아깝다는 걸 몰라	134
자책은 해결책이 아니야	138
내 과실이 조금이라도 있으면 탓 대신 책임지기	143
다들 그러고 산다는 흔한 말	147
감정에도 자격이 있는 줄 알았다	151
나와 나와의 경쟁에서 완전한 승리란 없다	155
바꿀 수 있는 것을 바꿀 수 없다고 믿어버린	159
힘들 때 가장 먼저 해야 할 것은	163

3장. 앞으로도 또 넘어지고 또 일어서려 하겠지

또 넘어질 수밖에   169

기왕 넘어질 거, 함 부딪쳐 보는 것도   174

최종 목적지보단 경유지를 이정표 삼아   178

부정 편향에 빠지려 할 때   182

좋은 면만 내가 아니기에   186

시간은 약이 아니라 반창고 정도는 되기에   190

거리의 웃고 있는 사람들이 부러워질 때   194

인생은 주인공만 진지한 코미디 영화   198

인생 − 힘 = 비로소 보이는 삶   202

어차피 매번 역대급일 거니까   206

나를 믿되 나를 믿지 말자   210

기대지 않고 홀로서기까지   214

머리에서 가슴으로 알기까지   218

복세단살   223

괜찮아, 안 죽어   226

To. (   )   231

NEW 인생 2막을 위해! To be continued   235

에필로그   227

나는
나약했기에 강해졌다.
아파봤기에 건강해졌다.
어리석었기에 지혜로워졌다.
괴로웠기에 편안해졌다.
불행했기에 행복해졌다.

이 어색한 문장이 가능해진 이유에는
여러 사람과 경험이 거쳐갔기 때문이겠지.
인연이든 악연이든
안 좋은 사건이든 좋은 경험이든
모두 다 지금의 나를 만들었다.
그래서 그저 감사하다.
만물에 감사하다,
라고 말하면 조금 오바스럽게 들릴지 모르지만
나를 스쳐간 모든 것에 정말 감사하다.
특히 지금 곁에 있는 사람들에게
찐한 감사를 돌린다.

1장.

나는 넘어지고 또 넘어졌다

죽을 뻔한, 죽고 싶었던

"6시에 지구가 멸망할 거라고!"

미래를 예언이라도 하는 선지자처럼, 나는 거실에 앉아 있던 가족들 앞에서 확신에 차 외쳤다.

처음엔 가족들이 무슨 말도 안 되는 소리냐는 표정을 지었다. 나는 그 표정에 위축되기는커녕, 더욱 진지하게 설득하기 시작했다. 왜 일론 머스크가 화성에 가자고 하냐며 운을 뗐다. 화성 이주 계획은 지구는 언젠가 멸망할 테니 진행하는 거고 그 날이 바로 오늘 6시라는 거다. 그러니 우리가 살려면 운동장으로 가야 해. 그러니까 제발 어서 가자! 라고 간곡히 외쳤다.

가족들은 여전히 혼란스러운 눈빛으로 날 바라볼 뿐 미동은 없었다. 그 사이 나는 핸드폰을 꺼내 친구들에게 연락을 돌렸다. 내용은 똑같았다. [오늘 6시에 지구가 멸망할 테니 근처에 아무 운동장이나 가라, 그래야 살 수 있다.] 몇몇 친구는 바로 알겠다며 대답했지만,

쉽게 믿지 못하는 친구도 있었다. 이런 걸로 거짓말 하면 안 된다는 친구에게 순간 화가 나서 욕을 하며 말했다.

"내가 언제 거짓말 하는 거 봤어? 연기 잘 하는 거 봤어? 내 말이 틀리면 내 손에 장을 지진다!"

그러자 그 친구는 장 안 지진다며 달래듯 말했지만 여전히 못 믿는 눈치기에 한 마디 덧붙였다. 그걸 밝힐 순 없지만 그 덧붙인 말로 결국 그 친구를 설득해낼 수 있었다.

이 모든 과정을 지켜보던 가족들이 결국 내 뜻에 따라주었다. 모두 옷을 챙겨 입고 집 밖으로 나왔다. 문득 이 '지구 멸망' 사실을 모르는 사람들은 죽고 말 거란 생각에 나는 죄책감까지 느꼈다. 그 죄책감은 행동으로 이어졌다. 같은 건물의 이웃집 초인종을 눌러 "불이야!"라고 외쳤고, 근처 초등학교 운동장을 향해 달려나가면서 지나가는 사람들에게도 "운동장으로 가야 해요!"라고 소리쳤다.

운동장에 도착한 가족과 친구들은 모두 심란한 표정을 짓고 있었다. 6시가 가까워질수록 공기는 무거워지고, 두려움이 우리를 삼키는 듯 했다. 마침내 6시가 되었지만 아무 일도 일어나지 않았다. "아무 일도 없잖아"라는 언니의 말에, 나는 '아직'이라고 5분 안이면 영화 〈*너의 이름은*〉처럼 운석이 떨어질 거라고 답했다.

하지만 5분이 지나도 멸망의 징조는 보이지 않았다. 그제야 나는 깨달았다.

"나, 이상하다. 나 미친 것 같아."

눈물이 터졌다. 주저 앉아 한참을 울고 있는 나를 가족들이 일으켜 세워 집으로 데리고 돌아갔다.

그날 밤 나는 결국 응급실로 실려갔다. 빨간색 물건만 보면 이상하게 괴롭고, 어떤 절대적인 존재가 날 지켜보고 있다는 망상에 시달렸다. 상상이 꼬리에 꼬리를 물며 끊이질 않았고, 날 죽이는 상상을 해도 고통이 사라지지 않았다. 정신적 고통이 너무 큰 나머지 이런 말까지 내뱉었다. "걔가 부러워." 걔가 누구냐는 오빠의 물음에 나는 이렇게 답했다. "눈도 안 보이고, 귀도 안 들리고, 아무것도 못 느끼는 걔가 부러워." 모든 감각이 예민해져서 고통이 생생한 그때, 예전 다큐에서 본 아이가 떠올라서 내뱉은 말이었다.

한 마디로, 나는 완전히 미쳐있었다. 가족들이 나를 차에 태워 응급실로 향했고, 기다리는 동안 여전히 괴로움에 발버둥쳤지만 수면제를 맞고 나서야 비로소 고요를 찾을 수 있었다. 검사 결과, 신체에는 아무 이상이 없다는 진단이 나왔다. 하지만 정신에는 분명 문제가 있었다.

지금 돌이켜보면, 이런 사건이 벌어진 이유는 내가 너무 오랫동안 감정을 억누르고 살아온 탓이 크다고 생각한다. 착한 아이 콤플렉스와

소심한 성격 때문인지 화를 참거나 슬픔을 드러내지 않고 눌러왔던 내 감정들이 한꺼번에 폭발해버린 거다. 정당히 제때에 밖으로 꺼내 놓아야 할 그 감정들이 결국 나를 삼켜버린 거다.

그때부터 나는 더이상 감정을 억누르고 살지 말자는 다짐을 했다. 처음엔 그 다짐을 잘 지켰다. 그런데 간사하게도, 또 똑같은 실수를 반복하고 있는 날 발견할 수 있었다. 이번에는 죽을 뻔한 게 아니라, 정말 죽고 싶었던 일이 생겼다.

24살 여름, 첫 인턴을 시작했다. 초반엔 큰 문제가 없었다. 그런데 2주쯤 지나고부터 심장이 두근거려 잠을 못 이루는 날이 이어졌다. 단순히 하루이틀 잠을 못 잔 것뿐인데도, 나는 무슨 큰 일이라도 난 것처럼 여겼다. 무슨 문제가 있는 것 아닌가 싶어 병원에 가서 심전도 검사까지 받았지만, 아무 이상이 없다는 진단에 잠시 안도했다. 하지만 얼마 지나지 않아 다시 불안이 찾아왔다.

내가 인턴 생활을 하며 저지른 실수들을 곱씹으며 괴로워했다. 팀 분위기가 미묘하게 달라진 것도 나 때문인가 싶어 자책했다. 점점 일 하는 게 두려워졌고, 이미 망한 것 같다는 생각에 빠지기도 했다. 불안과 두려움이 턱 끝까지 차오르고 잠 못 이루는 날이 이어지자, 결국 나는 이상한 판단을 했다.

'어쩌면 이미 내 몸에 이상이 있는 건 아닐까?'

휴대폰에 119를 눌렀고, 망설이다가 통화 버튼을 눌렀다. 내 상황을 횡설수설 설명하고 나서 집에서 구급차를 기다렸다. 구급차가 도착해 심전도 검사를 했지만 역시 아무 이상이 없다는 대답이 돌아왔다. "뇌에는 문제가 없을까요?"라는 내 질문에 구급대원은 간단한 검사를 해본 뒤 "뇌에도 이상은 없어 보입니다"라고 말했다. 그래도 식도 쪽에 문제가 있을 수 있으니 내과로 가보자는 말씀을 들으며 병원으로 향했다. 결국 내과에 도착했지만 역시나 문제가 없다는 결과만 나왔다. 안 아프면 다행인 건데, 그때는 내가 인턴을 그만둘 마땅한 핑계가 사라졌다는 사실에 절망스러웠다. 이렇게만 봐도 내가 온전한 정신 상태가 아니었던 건 분명했다.

그날 이후로도 한동안은 괴로웠다. 하지만 그 경험을 통해 내가 깨달은 건, 내 문제는 단순히 몸의 이상이나 환경 탓이 아니라 내 마음속 깊은 곳에 있다는 점이었다.

그래서 처음으로 인생의 위기를 맞이했을 때, 연기 학원도 4개월 간 다녀서 감정을 건강하게 표현하는 방법도 익히고, 해묵은 감정을 방출하며 나답게 살려고 노력하다보니, 지금의 나는 그때보단 조금 더 나아졌다. 하지만 여전히 두렵다. 언제 또다시 무너질지 모르기 때문이다. 그래도, 이제는 두려움 속에서도 한 가지를 믿는다. 그 순간을 결국 넘어설 수 있을 거라는 것. 그리고 언젠간 다 지나갈 거라는 것.

이 글을 읽고 있는 당신도 언젠가는 괴로움에 빠질 수 있다. 죽을 것 같은 고통이거나, 죽고 싶을 만큼의 절망일 수도 있다. 하지만 우리가 할 수 있는 건 하나다.

지금을 살아내는 것.

그러니 나와 함께, 오늘을 살아가보자!

MUST는 없다

나는 욕심이 많은 사람이었다. 특히 인간관계에서의 욕심은 지나칠 정도로 컸다. 타인과의 관계에서도, 나와의 관계에서도 나는 항상 과욕을 부렸다. 높은 이상을 가지고, 그에 맞춰 스스로에게 '~해야 한다'는 의무를 부여하며 살아왔다.

다들 '찐친'이 있는가? 찐친의 기준은 사람마다 다르겠지만, 내가 생각했던 찐친은 이런 모습이었다. 누군가를 떠올리면 '아~걔 친구?'라는 말이 나올 만큼 자연스러운 한 짝처럼 대표적인 관계. 나는 이런 찐친이 없다고 생각했고, 그 사실 때문에 깊이 외로웠던 적이 있다. 문제는 애초에 내가 세운 기준이 너무 높았다는 점이다. 높은 기준을 뛰어넘는 관계의 부재가 내게는 더없이 괴롭게 느껴졌다. 그래서 한때는 찐친에 대한 기대를 접으려 노력하기도 했다. 기대를 접으니 전처럼 괴롭진 않았다. 하지만 잊을 만하면 또다시 그런 친구가 없는 것 같다는 생각에 빠져 우울해지곤 했다.

그러던 중, 나의 멘토와도 같은 분과 대화를 나누다 생각이 바뀌었다. 내 고민을 털어놓자 그 분도 20대 때 비슷한 고민을 하셨다고 말씀하셨다. 시간이 지나고 보니 부질없는 걱정이었다는 말과 함께, 이렇게 덧붙이셨다.

"친구면 친구지."

그 말이 묘하게 울림을 주었다. 그러네. 친구면 친구지. 친구를 어떤 기준으로 나누고, 그 기준에 의미를 부여하며 스스로를 괴롭혔던 내 모습이 어리석게 느껴졌다. 찐친이 없다고 괴로워했지만, 사실 내 주변에는 소중한 사람들이 있었다. '가짜 친구'가 있는 것도 아니었는데, 왜 찐친과 아닌 친구를 구분 짓고 괴로워했을까?

한 번은 심리 상담 관련 유튜브에서 이런 말을 들은 적이 있다. 찐친, 베프, 평친(평생친구) 같은 게 없어도 괜찮다는 이야기였다. 함께 쇼핑할 친구, 노래방 갈 친구, 전시회 갈 친구, 맛집 갈 친구처럼 어떤 특정한 무언가를 함께 할 수 있는 친구가 있다면, 그것만으로도 충분히 의미 있는 관계를 맺고 있는 거라 했다. 그 말에 큰 위안을 받았다. 그래, 모든 걸 함께 할 한 사람이 꼭 필요한 이유는 없다. 각기 다른 순간에서 나와 함께 할 수 있는 친구들이 있다면 그 자체로 충분히 소중한 관계라는 사실을 받아들였다. 그러고 나니 마음이 편해졌다.

혹시 당신도 찐친이 없는 것 같아 공허함을 느끼고 있다면, 나처럼 생각해보는 건 어떨까?

장기하의 에세이 『상관없는 거 아닌가』에서는 이런 구절이 나온다.
"뚜렷한 대상이 없지만 열등감을 느낀다면 그건 아마도 내가 바라는 이상적인 나 자신에 대한 열등감" 이라고.

이상적인 나 자신을 나는 이렇게 상상했다. 찐친도 한 명 이상 있고, 잘생긴 남자랑 연애도 하고, 인간관계도 능글맞게 잘 해내고, 밝고 긍정적인 에너지를 내뿜으며, 재치있는 농담으로 사람들을 쉽게 웃음 짓게 하는 그런 모습. 하지만 현실의 나는 이런 이상적인 모습과는 거리가 멀다고 느꼈고, 그 거리감에서 오는 열등감은 정말이지 너무 심했다.

나는 소심하고, 어둡고, 부정적이고, 무거운데 깊이조차 없는 사람이라고 여겼다. 스스로가 부족하다는 걸 만성적으로 느끼며 열등감을 키워나갔다. 그 열등감은 내 관계에도 영향을 미쳤다. 내 부족한 모습이 드러났다 싶을 때마다 "이 관계는 망했어"라고 단정지었다. 이상적인 나의 이미지에 흠집이 났으니, 관계도 당연히 끝났다고 여겼던 것이다. 그리고 가장 쉬운 방법으로 그 관계를 끝내버리곤 했다. 상대방을 내 삶에서 지워버리는 방식으로 말이다. 불완전한 이상을 지키려고 이

짓거릴 하는 게 얼마나 부질없는 짓인줄도 모르고.

하지만 시간이 지나면서 알게 됐다. **사실 관계는 망하지 않은 경우가 대부분이었다**는 것을. 나의 이상이 무너졌을 뿐, 관계는 그대로였던 것이다. 처음으로 그 사실을 깨달았을 때, 적지 않은 충격을 받았다. "아니, 왜 나한테 아직도 연락하지? 왜 여전히 나한테 잘 대해주지?" 이런 의문과 함께 말이다.

사람들은 나의 부족한 모습을 알면서도 관계를 이어갔다. 정말 고맙게도. 나만 빼고 모두 알고 있었던 것처럼 느껴졌을 땐, 영화 〈트루먼쇼〉 주인공처럼 충격이었지만 아무튼 감사했다. 부족함을 보인 게 잘못이라고 생각했었을 때는 몰랐다. 애초에 그게 잘못다운 잘못도 아니었으며 실수도 아닌 경우도 많았다는 걸 뒤늦게 알아차렸으니 말이다. 바라는 이상과 다른 모습을 보여줬다고 해서 그것이 관계를 망치는 것은 아니라는 사실을 깨닫는 데는 꽤 적잖은 시간이 걸렸다.

이제는 조금 알 것 같다. 관계에서 반드시 '~해야 한다'는 건 없다는 것을. 반드시 즐겁고 유쾌한 모습만 보여야 하고, 밝고 긍정적이어야 한다는 강박도 내려놓았다. 가끔은 부정적인 말도 할 수 있고, 징징 거릴 수도 있고, 분위기 좀 무겁게 만들 수도 있는 거지 뭐.

그렇다고 MUST가 없어야 한다는 강박조차 생기지 않도록 경계하고 있다. "MUST는 없다"는 말조차 또다른 MUST가 되어버려 괴로울 수도 있기 때문이다. 다만 지금의 나는 '없어도 괜찮다'는 생각에 조금 더 무게를 두고 살아가는 게 낫다고 여긴다.

오늘은 이렇게 결론짓고 싶다.

"MUST는 없다!"

착한 아이 콤플렉스 중증

미움 받는 게 죽기보다 싫은 한 아이가 있었다. 물론 머리로는 미움 좀 받아도 죽지 않는다는 걸 알지만, 어린 시절의 그녀는 그조차도 몰랐다. 그녀에게는 '미움 받음 = 죽음'이었다.

중학교 1학년 때의 일이었다. 급식으로 요구르트가 나온 날, 친구들과 얘기를 나누며 밥을 먹고 있는데 같은 반 친구가 와서 요구르트를 안 먹는 사람 있으면 자기한테 달라고 했다. 그녀 앞의 친구가 "내 건 싫어, 쟤 거 가져가"라며 그녀를 가리켰다. 그녀는 선뜻 자기의 요구르트를 내밀었다. 사실은 그 요구르트를 먹고 싶었지만 그러지 않았다. 그 친구는 고맙다며 그녀에게 "착하다"고 말해줬다.

그 말이 보상처럼 느껴졌다. 착하다는 말은 날 좋아한다는 뜻은 아니어도, 적어도 싫어하지는 않겠다는 보장처럼 들렸다. 그래서 착하다는 말을 들으면 안심이 됐다. '아, 이제 나는 미움 받지 않겠구나' 하고. 그렇게 그녀는 착한 아이가 되기 위해 노력했다. 마치 그것이 자신의 생존 방식인 것처럼. 지금 생각하면 착하다는 말이 뭐라고 그거에 얽매여 힘들게 살았나 싶지만.

조금 더 시간이 지나, 고등학교 3학년이 되었을 때였나. 친구 집에 놀러가 대화를 나누고 있던 중이었다. 얘기를 많이 나눠서인지 목이 말라 물을 마시고 싶었다. 보통 사람이라면 "물 좀 줄래?"라고 말했겠지만, 유별난 그녀는 달리 말했다. "혹시 너네 집에 냉장고 있어?" 지금 생각해도 이상한 질문이었다. 냉장고 없는 집이 얼마나 되겠는가. 친구들은 웃으며 "무슨 그런 이상한 질문을 하냐?"라고 물었다. 한 친구는 무례한 거 아니냐며 장난섞인 핀잔을 줬던 것도 기억난다. 스스로도 왜 그렇게 말했는지 명확히 모르겠다. 물 좀 달라고 부탁하는 게 좀 미안해서 그랬는지 아니면 내가 그런 부탁을 하면 상대가 날 싫어할 지도 모른다는 두려움 때문이었는지 모르겠다.

25살인 현재의 나는 이때처럼 돌려돌려 말할 만큼 소심하고 착한 아이 콤플렉스가 심하진 않다. 거절도 예전만큼 두렵지 않다. 하지만 여전히 난 갈등이 두렵고 회피하는 경향이 있다. 갈등이 일어날 것 같은 조짐이 조금이라도 보이면 재빨리 회피할 궁리를 한다. 그게 마땅히 마주해야 할 이로운 갈등이더라도. 나쁜 역할 맡기 싫고 상처 되는 말도 하기가 싫어서 회피하고 싶다. 그럼 날 싫어할지도 모를 테니까. 어떻게 보면 피해의식과도 맞닿아 있는 것 같다는 생각도 든다.

착한 아이 콤플렉스, 누구에게나 익숙한 이야기

아마 많은 사람이 비슷한 경험을 해봤을 것이다. 상대를 실망시키고 싶지 않아서, 갈등이 두려워서, 또는 미움받을까 봐 착한 사람이 되려고 애썼던 순간들 말이다. 어쩌면 당신도 그런 순간이 있었을지도 모른다. 하지만 착한 아이 콤플렉스는 단순히 '착함' 이상의 문제다. 그건 자신의 감정을 억누르고, 정당한 표현마저 주저하게 만들며, 결국 스스로를 갉아먹게 한다.

나는 25살이 된 지금도 완전히 벗어나지 못했다. 갈등이 두렵고, 누군가가 나를 싫어할까봐 눈치를 보며, 미안하다는 말을 쉽게 먼저 꺼낸다. 하지만 그 미안함은 진심에서 우러나온 것이 아니라 당장의 상황을 모면하기 위한 방편일 때가 많다. 문제는 이런 행동이 관계를 깊게 만들지 못한다는 점이다.

갈등은 관계를 깊게 만드는 기회다

많은 사람이 갈등을 부정적으로만 생각한다. 하지만 갈등은 관계를 단단하게 만들 기회이기도 하다. 서로의 다른 점을 솔직히 드러내고, 그로 인해 생긴 불편함을 해결해 나가면서 관계는 더 성숙해진다. 나는 이를 알면서도 여전히 두렵다. 누군가가 나를 싫어하게 될까 봐, 또 내 부족한 모습이 드러날까 봐 회피하고 싶어진다.

하지만 갈등을 피하는 것은 결국 자기 자신에게 손해다. 한때 내가 정신적으로 무너졌던 건, 해야 할 말을 제때 하지 못하고, 마땅히 표현해야 할 감정을 억눌렀던 탓이 크다. 완벽하게 착한 사람이 되려면 모든 감정을 억누르고 참아야 한다. 하지만 그런 방식으로는 결코 건강한 삶을 살 수 없다. 언제 미쳐서 돌아버릴지 모르는 시한폭탄과 같은 삶을 살게 된다.

앞으로 나는 착한 아이 콤플렉스가 더 이상 나를 지배하지 못하게 하려 한다. 그것은 고질병이 아니다. 노력하면 충분히 벗어날 수 있다. 착한 사람이 되려는 강박에서 벗어나, 건강한 사람이 되기를 선택해야 한다. 상대방의 기분과 처지만 신경 쓰다 보면 정작 중요한 내 감정과 욕구를 잃어버리게 된다.

누군가가 나를 싫어할 수도 있다. 하지만 그것이 내 존재를 부정하는 것은 아니다. 갈등이 무섭다고 해도, 때로는 그것을 마주해야 한다. 갈등이 반드시 관계를 망치는 것은 아니다. 오히려 관계를 더 깊게 만들고, 스스로를 더 단단하게 만든다.

당신에게 전하는 한 가지 질문

당신은 지금 누군가의 마음에 들기 위해, 또는 누군가의 미움을 피하기 위해 억누르고 있는 게 있는가? 그렇다면 한 번만이라도 솔직하게 표현해보자. 처음에는 어렵겠지만, 그 작은 한 걸음이 당신의 삶을 더 자유롭게 만들 신호탄이 되어줄 것이다.

MUST는 없다. 그리고 당신은 완벽할 필요도 없다. 당신의 이야기를 살펴보면 알게 될 것이다. 우리가 가져야 할 진짜 목표는 '착한 사람'이 아니라 '건강한 사람', 그리고 '나다운 사람'이 되는 것임을.

처음부터 완벽하고 싶었다

완벽주의. 많은 사람들이 어느 정도는 가지고 있는 성향일 것이다. 하지만 나처럼 게으름까지 갖춘 완벽주의는 문제가 더 크다. 게으른 완벽주의는 나를 한없이 지치게 만들었고, 그로 인해 더 게을러지는 악순환을 반복하게 했다. 어쩌면 당신도 나와 크게 다르지 않을지 모른다.

대학 시절, 과제나 중요한 일을 할 때마다 내 안의 게으른 완벽주의는 기지개를 켰다. '처음부터' 완벽하고 싶었다. 한 번의 시도만에 완벽하게 성공하고 싶었다. 그것이 지나친 욕심이라는 걸 미처 알지 못한 채. 그래서 준비가 완벽해질 때까지 미루고 또 미뤘다. 그러다 데드라인이 가까워지면 헐레벌떡 시작했다. 머릿속에는 이미 완벽한 결과물이 그려져 있었지만, 현실은 형편없는 수준이었고, 그 괴리감에 괴로워했다.

사실 생각해 보면, 첫 술에 잘 하는 사람이 있다면 그건 천재일 것이다. 대부분의 사람들은 실패를 통해 배우고, 점점 나아지는 과정을 거친다. 걸음마를 배우는 아기가 처음부터 한 번도 넘어지지 않고 걸을 수 있을 리가 없는 것처럼. 하지만 나는 처음부터 완벽하게 해내고 싶다는 요상한 욕심에 사로잡혔다. 그 결과, 첫 시도에 거의 모든 에너지를 쏟아부었고, 실패라도 하면 다시 시작할 힘이 남아 있지 않았다. "애써봤는데도 안 되더라"는 합리화까지 덧붙여 스스로를 납득시켰다.

한때 블로그가 유행했을 때, 나도 블로그를 시작해 보겠답시고 글을 쓰기 시작했다. 〈책을 싸게 사는 법〉이라는 주제로 초안을 작성해 임시 저장 해두었다. 하지만 결국 아직까지도 업로드를 하지 않았다. 이유는 간단했다. '완벽하지 않다'고 느껴졌기 때문이다. 글을 다듬고 또 다듬어야 한다고 생각하다가, 끝내 손을 놓아버렸다. 그렇게 완벽주의는 내가 무언가를 시작하거나 완성하는 것을 항상 가로막았다.

완벽주의가 주는 교훈

완벽주의는 스스로를 점점 불신하게 만들고, 결국은 좌절하게 만든다. "역시 난 할 수 없어"라는 결론에 도달하게 만든다. 이미 머릿속에서는 완벽한 결과물이 그려져 있었기 때문에, 현실에서 그 이상에 도달하지 못하면 스스로를 부정하게 되는 것이다. 하지만 조금만 생각해봐도, 이런 완벽주의는 **유해**하다.

완벽주의 대신 완성주의를

차라리 완벽주의 대신 **완성주의**를 추구하는 게 더 낫지 않을까? 완벽을 목표로 삼기보다는, 일단 '그냥' 시작해서 '완성'하는 것을 목표로 삼는 것이다. 결과물이 완벽하지 않아도 괜찮다. 부족한 점은 이후에 수정하면 된다. 그렇게 수정과 보완을 거듭하다 보면, 결국 처음에 상상했던 이상적인 결과물에 더 가까워질 수 있겠지.

물론 이런 이야기는 누구나 한 번쯤 들어봤을 것이다. 그런데 머리로는 이해하면서도 막상 실천하지 못하는 사람도 많을 것이다. 나도 그랬으니까. 사실 이 글도 쓰기까지를 몇 번이고 미루고 망설였다. 내 상황과 마음이 '완벽히' 준비될 때까지 기다렸던 것이다. 하지만 어느 순간 마음을 고쳐먹고, 일단 '그냥 써보자'는 자세로 시작했다. 떠오르는 대로 써 내려가며 완성하고, 이후에 다듬는 방식으로. 그렇게 이 글을 마침내 찐찐막최최최종으로 완성할 수 있었다.

유에서 유를 창조한다

무에서 유를 창조하는 건 어렵다. 그것은 원래 어려운 일이기에, 일단 쉽게 접근해보는 것이 좋지 않을까. 글쓰기를 예시로 든다면, 처음에는 떠오르는 대로 막 써 내려가 보는 것이다. 문법이 틀리든, 맥락이 이상하든, 아무 상관없이. 일단 머릿속에 있는 걸 여과없이 끄집어내는 작업을 한다. 어떤 글쓰기 책에서는 이를 '프리라이팅'이라고 부른다. 의식의 흐름대로 프리라이팅을 하면, 퀄리티가 어떻든 간에 일단 '완성된 결과물'이 생긴다. 그리고 그 다음부터는 유에서 유를 창조하는, 그러니까 상대적으로 덜 어려운 작업만이 남는다. 그렇게 수정하고 보완하면서 점점 더 이상적인 결과물에 가까워지게 되는 셈이다.

글쓰기뿐 아니라 거의 모든 일에 적용할 수 있다. 공부를 할 때도 마찬가지다. 처음부터 완벽히 이해하려고 하면 금세 지치게 된다. 대신 전체적인 맥락을 먼저 대략적으로 파악하고, 이후에 세부를 외워 나가는 것이 훨씬 효과적이다. 그림을 그릴 때도 마찬가지다. 처음부터 디테일에 매달리기보다는, 큰 틀을 먼저 스케치하고 나서 나중에 디테일을 섬세하게 살리는 것이 완성도를 높이는 길이다.

완벽하지 않아도 괜찮다

그러니 이제는 이렇게 생각해보는 건 어떨까?

"나는 완벽하지 않다. 하지만 **완성**할 수 있다."

완벽한 계획이나 이상적인 시작이 아니어도 괜찮다. 중요한 건 '그냥' 시작하는 것이다. 우리는 모두 처음에는 서툴고, 미숙한 과정을 거쳐야만 성장할 수 있다. 완벽주의로 인해 망설였던 적이 있다면, 이제는 그 완벽주의를 살짝 내려놓고 한 발 내디뎌 보자.

오늘부터는 이 간단한 문구를 마음에 새겼으면 좋겠다.

Just do it!

완벽하지 않아도 당신은 충분히 완전할 수 있을 테니까.

수없이 흔들리고 있을 대학생들에게

대학생 친구들, 혹시 이런 경험 해본 적이 있지 않나?

시험공부를 시작하기 전에 이번엔 장학금을 받자는 목표를 세우거나, 다이어트를 시작할 땐 N키로를 빼겠다고 다짐했던 적. 과 수석을 상상하며 새 학기를 맞이하고, 깨말라 같은 몸을 꿈꾸며 시작했지만… 시간이 지나면서 목표는 흐릿해지고, 어느 순간 "그냥 다음부터 하자"며 포기해버린 기억 말이다. 적어도 나는 그랬다. 그리고 그 반복되는 과정 속에서 스스로를 꽤 많이 질책했다.

"왜 이렇게 나는 포기가 빠를까?"

내가 최근 가장 크게 흔들렸던 시기는 24살 여름 때였다. 운좋게 들어간 인턴 자리에서 나는 회사 사람들에게 사랑받고 인정받는 인턴이 되고 싶었다. (지금 생각하면 굳이 그럴 필요가 있었을까 싶다.) 그때는 그게 내게 가장 큰 목표이자 희망이었다. 그래서 그 목표를 이루기 위해 나는 항상 밝은 척, 에너지가 넘치는 척하며 애썼다.

하지만 그 모습은 진짜 내가 아니었다. 시간이 지날수록 이런 '척'을 하는 게 점점 힘들어졌고, 결국엔 "항복!"하며 모든 걸 놓아버렸다. 그 후엔 어김없이 자책이 또 이어졌다.

"나는 왜 이 모양일까."

그렇게 인턴을 포기하고, 심한 우울감에 빠져 지내던 당시에 나는 단 하나의 목표와 희망을 품고 있었다.

"언젠가는 우울에서 벗어나 사람들과 하하호호 웃으며 놀 수 있는 날이 오겠지. 그리고 또 언젠가는 더 이상 누구에게도 민폐를 끼치지 않고, 주변에 웃음을 줄 수 있는 사람이 될 수 있겠지."

이 희망을 상상할 때면 잠시나마 진통제를 맞은 듯한 기분이 들었다. 그러나 시간이 지나도 상황은 잘 변하지 않았다. 여전히 우울했고, 여전히 불안했고, 품었던 희망은 손에 닿지 않을 만큼 멀리 있었다.

그때 깨달았다.

너무 크고 먼 목표와 희망은 결국 나에겐 **독**이 될 수도 있다는 것을.

어른들은 늘 말했다.

"꿈을 크게 가져라."

"희망을 잃지 말아라."

나는 그 말을 곧이곧대로 믿었다. 그래서 목표는 이왕이면 거창하게 세웠고, 희망은 멀리 있는 채로 품고 살았다. 하지만 이런 목표와 희망은 나를 움직이게 하지 못했다. 오히려 너무 크고 무거운 그 무게에 짓눌려 나는 자주 멈춰버리곤 말았다.

그러다 문득 깨달았다. 사람을 진짜 움직이게 하는 건 멀고 거창한 목표가 아니라, 손 닿는 가까이에서 느낄 수 있는 작은 성취감이라는 걸.

그래서 나는 다짐했다.

지금 당장 내가 할 수 있는 사소한 것부터 시작하자고.

"오늘은 책 3페이지만 읽어보자."

"오늘은 2km만 뛰어 보자."

"오늘은 짧은 글 1편만 써 보자."

이렇게 작은 목표를 세우고, 하나씩 이뤄 나가기 시작했다. 목표가 크지도, 멀지도 않으니 부담 없이 도전할 수 있었다. 그렇게 쌓인 작은 성취감들이 내 하루를 채워갔다.

나의 12월 끝자락은 100개의 작은 성취감으로 가득 차 있을 것이다. 그 작은 성취감들이 내게 어떤 변화를 가져다줄지 벌써부터 기대가 된다. 아마 그때쯤이면, 그토록 멀다고만 느꼈던 목표와 희망이 어느새 눈앞에 와 있을지도 모른다. 소소해 보일지 모르지만, 그 안에 담긴 변화는 결코 작지 않을 것이다.

혹시 지금 너무 멀리 있는 목표와 희망 때문에 지치고 있진 않은가?

그렇다면 한 번 이렇게 생각해보자.

【 너무 먼 목표와 희망에 매몰되지 말자.

너무 먼 곳에 너를 두지 말자.

지금, 여기에서 할 수 있는 작은 일부터 시작하자. 】

그렇게 작은 성취감들이 쌓이면, 그 목표는 언젠가 당신 앞에 와 있을 것이다.

나와 같이 '작은 성취감 100개'를 쌓아보는 건 어떨까? 그 여정이 끝날 때쯤, 당신도 놀라운 변화를 경험하게 될 것이다.

지금 시작해보자!

남 탓, 상황 탓, 세상 탓

솔직히 남 탓, 상황 탓, 세상 탓을 한 번도 안 해본 사람이 있을까?

정말 남이 과실 100%라서 비난하는 경우를 제외하고, 남이 하면 별로라고 느껴지는데 정작 내가 하면 그게 별로인지 모르는 것이 바로 이 '탓탓탓'이다. 흔히 말하는 내로남불을, 나도 취했던 적이 있다.

내가 이런 추한 모습을 발견했던 건 24살, 인턴 생활을 할 때였다. 겉으로는 다 내 잘못인 것처럼 "내가 제일 문제야"라고 포장했지만, 속으로는 끊임없이 남을 탓하고 있었다.

"어떻게 나한테 그럴 수 있지?"라며 억울해하고,

"왜 이렇게 힘든 일이 끝도 없을까?"라며 세상을 원망했다.

그 속에는 피해의식이 마음속 깊게 자리 잡고 있었다. 심지어 내가 힘들고 지친 상태를 핑계 삼아 '지금 내가 아프니까 그만해도 괜찮지 않을까'라는 자기합리화까지 했다. 그렇게 만들어낸 마음의 변명은 결국 겉으로도 분명 티가 났을 것이다. 지금 생각하면, 누가 봐도 나는 온전한 정신 상태가 아니었다.

인턴을 끝낸 후에도 상황은 나아지지 않았다. 오히려 더 악화됐다. 회사를 떠나면 모든 게 정리될 줄 알았지만, 나는 계속 과거를 붙잡고 괴로워하고 있었다. "잘 먹고 잘 살아서 복수해야지"라고 씩씩하게 살아보려 했지만, 한편으로는 "나도 잘한 건 없다. 내 잘못도 없진 않지"라는 생각에 마음 편히 원망하지도 못했다.

그런데 내 잘못을 인정하는 순간, 내가 겪은 상처와 고통을 모두 떠안고 무너져버릴 것 같아서 결국 아무것도 제대로 놓지 못했다. 마지막에 나를 대하던 사람들의 태도가 너무 상처였지만 그 기억마저 붙들고 놓지 못했다. 그렇게 나는 어느 한쪽에도 발붙이지 못하는 어중간한 상태에서 홀로 괴로워하고 있었다.

나를 더 깊이 묶어둔 피해의식

그 후로도 좋지 않은 일들은 계속 이어졌다. 가족들조차 나를 불편해하는 것 같았고, 주변 사람들과의 관계도 서먹해진 듯했다. 나는 우울감에서 벗어나지 못했고, 극단적인 생각마저 들 정도로 무너졌다. 그때는 몰랐다. 내가 이 모든 상황 속에서 얼마나 미성숙하게 반응하고 있었는지를.

시간이 지나고 나서야, 나는 내 태도에 문제가 있었다는 걸 깨닫기 시작했다. 피해의식에 갇혀 내가 얼마나 이기적이고 미성숙하게 행동해왔는지, 그리고 그런 태도야말로 나를 더 깊은 나락으로 몰아넣고 있었단 사실도.

어느 날, 우연히 본 유튜브 영상에서 이런 말을 들었다.
"피해자 마인드로 살면 주변 사람들에게 가해자가 되기 쉽다."

그 말을 듣고 뜨끔했다. 나는 내가 약하고 힘든 사람이니까 주변에 피해를 줄 거라 생각하지 못했지만, 내 행동은 이미 누군가에게 상처를 주고 있었다. 직장에서도, 집에서도, 친구들과의 관계에서도. 내가 힘들다며 내 감정을 방치하고, 미성숙한 태도로 주변의 분위기를 흐렸다. 정작 나를 아껴주던 사람들도 얼마나 힘들었을지 그땐 몰랐다.

성숙함의 시작은 인정이다

나는 이제야 깨닫는다.
"난 잘못 없어"라는 말도 결국 또 다른 방어기제일 뿐이라는 것을. 불편한 진실을 외면하려는 합리화일 뿐이라는 것을.

물론 모든 잘못이 나에게만 있던 것은 아닐 것이다. 하지만 내 언행에 책임을 지지 않으려는 태도는 결국 나를 성장하지 못하게 묶어두고 있었다.

사실 우리 모두는 어렴풋 알고 있다.

이제는 남 탓, 상황 탓, 세상 탓을 쉽게 해서는 안 될 나이라는 것을.

물론 그 탓을 하는 건 자유다. 하지만 듣는 상대방이 그 모습을 어떻게 받아들일지는 내 통제 밖이다.

남 탓과 상황 탓은 결국 내가 내 잘못을 인정하고 싶지 않아서, 내 언행에 책임지고 싶지 않아서, 내가 '별로인 구석이 있는 사람'이라는 사실을 받아들이기 싫어서 만들어낸 변명일 뿐이었다. 하지만 그런 태도는 나를 더 추하고 불행하게 만들었다.

내 삶의 주인은 누구인가

삶은 때때로 정말 모질게 느껴진다.

물론 내 잘못도 있다. 하지만 모든 잘못이 꼭 내 탓만은 아닐 때도 많다. 그럼에도 중요한 건, '남 탓하며 머무르는 것'이 아니라 '내가 바꿀 수 있는 것부터 바꿔보는 용기'다.

지금도 나는 완벽하지 않다.

하지만 이제는 미성숙했던 과거의 나를 인정하고, 조금씩 성숙해지는 길을 걷고 있다.

누군가의 탓으로 돌리며 피해자로 살아갈 수도 있다.

하지만 탓하지 않고, 내 삶의 주인으로서 책임지며 살아갈 수도 있다.

그 둘 중 무엇을 선택할지는, 오롯이 '나'의 몫이다.

이왕이면, 내가 내 삶의 주인이 되는 쪽을 선택하는 게 어떨까?

누가 뭐라 해도, 이 삶은 나의 것이고—

그게 더 멋지고, 간지날 테니까.

나의 가장 열렬한 안티팬인 나

남 탓, 상황 탓, 세상 탓. 이런 것도 결국 시간이 지나면 흐릿해졌다. 하지만 그럼에도 가장 끈질기게 멈추지 못했던 것은 '내 탓'이었다. 어리석은 실수나 못된 행동을 한 나 자신을 집요하게 비난하며 자책했다.

'*내가 그래서는 안 됐는데. 왜 그랬을까.*

난 쓰레기야. 난 망했어. 난 끝났어.'

이런 파멸적인 생각들이 꼬리에 꼬리를 물며 나를 짓눌렀다. 실수를 저지른 나 자신을 용서하기가 너무 힘들었다.

특히 자책을 병적으로 심하게 했던 때가 있다. 그때는 정말 삶의 밑바닥, 그보다 더 아래인 지하,의 지하에 갇힌 기분이었다. 하도 자책을 거듭하다 보니 어느새 내가 미워져 있었다. 살면서 나를 가장 많이 욕한 사람은 아마 나 자신일 것이다. 동시에 나를 그만큼 사랑하는 것도 나일 것이다. 왜냐하면 더 나은 내가 되기를 바라는 애정 섞인 욕심이 있었고, 그에 미치지 못한 나 자신을 탓해버린 것이었으니까.

그렇지 않았다면, 내가 정말 무가치한 쓰레기라고 여겼다면, 애초에 자책하지 않고 그냥 받아들였을 것이다. 하지만 그게 아니라서, 내가 생각하는 이상적인 나에 미치지 못한 결과가 나왔을 때, 그것이 견딜 수 없을 만큼 괴로웠던 것이다.

그러다 문득, 다른 이유도 있지 않을까 하는 생각이 들었다.

한 번은 나를 오래 지켜봐 온 멘토님께서 이렇게 물은 적이 있다.

"너는 왜 그렇게 너를 몰아세워?"

계속해서 나를 몰아붙이고 자책 속에 빠져 있는 내 모습이 이상하게 보였던 모양이다. 그 질문에 나는 스스로도 놀랄 만큼 솔직한 대답을 곧장 내놓았다.

"그게 마음이 편해서요."

틀린 말은 아니었다. 나는 실수나 잘못을 하면 욕을 먹는 게 당연하다고 여겼다. 그래서 남들이 욕하지 않으면 혹은 욕하지 않더라도, 나라도 나를 욕하는 게 맞다고 생각했다. 그러니까 죄책감과 죄의식 따위를 덜기 위해 자책을 했던 거다.

하지만 이제는 다시 한 번 더 생각해본다.

왜 나는 그렇게까지 나를 몰아세워야 했을까?

실수는 누구나 한다. 두 번 이상 같은 실수를 반복한다고 해서 쓰레기가 되는 것은 아니다. 그럴 수도 있는 거지. 심지어 세 번 이상 해도 쓰레기가 아니다. 알바 하면서 수퍼바이저님께 들었던 말씀 중에 아직까지도 인상에 남는 말씀이 있다.

"똑같은 실수 10번만 안 하면 돼!"

알바 초반에 실수를 하는 건 자연스럽고 그걸 어느정도 너그럽게 봐주시려는 마음이 이 말에서 느껴져서 난 큰 위안을 받았다. 10번만 안 하는 건, 솔직히 할 만하지 않은가? 그 이상 실수하면… 뭐 그때는 '쓰레기 심판' 같은 걸 받아도 무방할지도. (물론 유죄 확정은 아니다.) 그리고 우리가 실수를 하고 싶어서 하나. 욕먹기 싫고 잘하고 싶은 게 솔직한 마음 아닌가. 그래서 우리는 실수를 줄이기 위해 노력을 한다. 그렇게 노력하는 것 자체가 이미 대견한 행동이라 생각한다. 삶은 배우는 과정이라고 하지 않던가. 실패와 실수를 통해 더 나은 사람이 될 수 있다는 것을 종종 잊고 살기 쉽지만, 그래서 잊을만하면 상기시켜야 한다.

한번 넘어질 때마다 스스로를 끝없이 탓하기만 하면 다시 일어서기가 더 어려워진다. 그럴수록 나 자신에게 자비를 베풀 필요가 있다.

자신의 가장 열렬한 안티팬이 된 당신에게

사실 나만 이렇게 유별나게 자책하며 살아온 것은 아닐 것이다. 나를 포함해, 자신에게 지나치게 엄격한 잣대를 들이대며 자책하는 사람들이 주변에 얼마나 많은가. 시험을 망치면 더 열심히 했어야 했다고 자책하고, 게으름을 피우면 왜 이렇게 나태하냐고 스스로를 꾸짖는다. 똑같은 실수를 다른 사람이 했더라면 그렇게 가혹하게 비난하지 않을 사람들조차도, 자신에게만은 가혹한 심판을 내리곤 한다.

그래서 나는 말하고 싶다. 자신을 가장 아끼지만 가장 열렬히 비난하는 사람들에게.

가끔은 자책 대신 스스로를 격려해 주라고.

한 번 정도는 자기 자신에게 너그러울 수 있는 시간을 주라고.

우리 모두는 완벽하지 않다. 실수도 하고, 때로는 어리석은 행동도 한다. 하지만 그런 나 자신을 탓하는 데만 에너지를 쓰지 말자. 그보다 더 중요한 것은, 그 실수를 통해 배우고 나아가는 것이다.

가장 가까운 안티팬이 나 자신일 필요는 없다.

때로는 따뜻한 응원 한 마디를 건네는 스스로가 되어보자.

못된 말로 괴롭히는 안티팬보다는, 따뜻한 말로 응원해 주는 열성팬이 훨씬 낫지 않은가?

그 열성팬이 바로 당신 자신이라면, 삶은 훨씬 더 나아질 거라 믿는다.

불신을 확신했던

"저는 자기확신이 없어요."

이런 고민을 털어놓은 적이 있다. 그런데 내 이야기를 들은 누군가가 이런 말을 건넸다.

"아니야. 넌 누구보다 널 확신하고 있어. 네가 못해낼 거라는 **불신을**."

그 말을 듣는 순간 머리가 띵했다. 그러네. 나는 불신을 확신하고 있었다. 뭘 하든 잘해낼 거라는 믿음이 부족해서 자기확신이 없다고만 생각해왔는데, 사실은 '나는 못 해'라는 불신을 단단히 믿고 있었던 것이다.

나는 못하는 게 많았다. 아니, 못한다고 생각한 게 많았다. 그러니 못하는 게 점점 더 많아졌다. 도전하기도 전에 겁을 집어먹고 아예 시작조차 못한 일이 많았기 때문이다. 자책도 한몫했다. 실수할 때마다 끊임없이 나를 몰아붙이다 보니 나 자신을 믿는 것이 점점 더 어려워졌다. 내가 '뭘 해낼 수 있는 존재'라고 느끼질 못했다.

심지어 멘탈이 완전히 무너졌을 때는 자기불신이 극단적으로 커졌다.

"내가 지능이 낮은 건 아닐까? 내가 인성이 나쁜 건 아닐까?"
같은 의문들을 품었고, 나는 그런 믿음을 뒷받침할 증거들을 무의식적으로 계속 모았던 것 같다. 그리고 스스로 괴로워했다. 그렇게 자기불신은 내 안에서 확신에 찬 모습으로 자리잡았다.

이런 극단적인 불신뿐 아니라, 소소한 불신도 많았다.

"나는 창작은 못하고 따라 그리는 것만 잘해."

"나는 가르치는 걸 못 해"

"나는 영어가 약해서 토익도 잘 하지 못할 거야."

이런 말들을 반복하며 나 자신을 한계 짓고 제한했다. 못 한다고 생각하며 시도조차 미루거나 하지 않았던 것이다.

하지만 돌이켜보면, 이런 불신은 대부분 근거 없는 지레짐작인 경우가 많았다.

나는 나만의 캐릭터를 창작해서 이모티콘을 만들고 플랫폼에 제안까지 해봤고, 알바를 할 때는 새로 들어온 직원에게 피자 만드는 법도 나름 잘 가르쳤다. 그리고 미루고 미뤄왔던 토익공부도 한달 간 꽤 빡세게 집중해서 하니 목표 점수도 넘겼다. 만약 내가 "나는 못 해"라는 불신을 고수했다면, 이런 일들은 애초에 시도조차 하지 못했을 것이고 아무것도 이뤄내지 못했을 것이다.

내가 하고 싶은 말은 "뭐든지 잘 해낼 수 있어"라는 낙관적인 이야기가 아니다. 그보다는 "못 해낼 거 없지 않을까?"라는 가벼운 마음가짐을 권하고 싶은 것이다. 처음부터 완벽할 필요도, 무조건 성공할 필요도 없다. 다만 될지도 모른다는 생각으로 시작해보는 게 중요하다고 생각한다.

한때 나는 "뭐든 성공할 거야"라는 과한 자기확신에 빠져 있던 적이 있었다. 마치 미래의 성공이 예정된 것처럼, 유튜브를 통해 경제적 자유를 이룬 모습을 상상하며 집을 나가 자취할 계획까지 세웠다. 결과는 처참했다. 다행히 자본이 덜 들어가는 시도를 했기에 망정이지, 더 큰 사업이라도 시작했다면 큰 빚을 졌을지도 모른다.

그래서 지금은 과도한 자신감으로 무모한 도전을 하기보다는 가벼운 도전을 하려는 편이다. '될 지도 모른다'는 생각으로 무언가를 시작하면, 예상보다 훨씬 좋은 결과를 마주할 때가 많다. 중요한 건 불신에 휘둘리지 않는 것이다. 나에게 자기불신이란, 이제 더 이상 확신처럼 따라다니는 그림자가 아니다. 오히려 나를 성장시키기 위한 동반자로 삼으려 한다.

자기불신 속에는 종종 두려움이 숨어 있다. 하지만 그 두려움을 하나씩 마주하며, 내 안의 가능성을 꺼내는 과정은 내 안의 나를 믿게 해준다. 스스로를 의심하던 시간 속에서도, 결국 내가 진정으로 원했던 건 '나 자신을 믿고 싶다'는 작은 마음이 아니었을까? 그 소중한 마음을 놓지 않고, 계속 떠올려주기를 바란다.

"못 해낼 거 없지 않을까?"

이 질문은 나를 계속 움직이게 만든다. 그리고 당신에게도 같은 질문을 던지고 싶다.

당신은 지금 무슨 한계를 스스로에게 짓고 있는가?

그 한계를 내려놓고, 가볍게 시작해보자. 될지도 모르는 일이니까.

꼬리에 꼬리는 무는 부정적 생각

부정적인 생각은 끝도 없는 미로와 같다. 이리저리 헤매다 보면 적당한 때에 밖으로 나갈 것도 같지만, 탈출구는 여전히 찾지 못한 채 그 안에 계속 갇혀버린 상태에 놓인다. 하나의 부정적인 생각이 스치기만 해도, 그 뒤를 따라오는 수많은 생각들이 꼬리에 꼬리를 물면서 떠오른다. 대부분 이런 부정적인 생각의 고리는 나 자신에 대한 작은 불신에서 시작하는 것 같다. "내가 해낼 수 있을까?"라는 단순한 의심이 불안으로 번지고, "어차피 저번처럼 실패할 거야"라는 패배의식으로 이어진다. 끝내는 "내가 할 수 있는 건 없어"라는 체념에 이르고 만다.

내가 최근 겪었던 최악의 경험을 예로 들어보겠다. 인턴으로 콘텐츠 마케팅 업무를 맡았을 때, 나는 회사의 서비스를 소개하는 숏츠와 카드뉴스, 블로그 글을 작성했다. 하지만 결과물은 내가 보기에도 성에 차지 않았고, 작업 속도는 느려서 마음만 조급해졌다. 해야 할 일을 제대로 해내지 못하고 있다는 생각에 자신감은 점점 떨어졌다. 카드뉴스를 기획하고 디자인하고 수정하는 일조차 순서대로 하지 못했고, 집중력이 흐트러지면서 점점 뒤죽박죽이 되었다. 퇴근길에는 "나 ADHD가 아닐까?"라는 의심마저 들었고, 블로그 글 작성 중에 실수를 하고 지적을 받으면 "내가 경계성 지능 장애가 아닐까?"라는 생각으로까지 이어졌다.

농담이 아니라 이런 생각들을 진지하게 했다. 내가 정말 정상 지능이 아니라면 앞으로 주변 사람들에게 의지할 수밖에 없고, 결국엔 외면 당할지도 모른다는 불안감이 커졌다. 이미 가족들에게 힘들다고 의지하고 징징댄 적이 많았는데, 장애까지 있다면 진짜 민폐라는 생각에 막막함이 들었다. 그 생각은 "나는 살아갈 가치가 없을지도 몰라"라는 극단적인 결론으로까지 나를 몰고 갔다. 이때쯤 심장이 두근거리는 증상이 생기자, 나는 내 몸에 진짜 문제가 생긴 건 아닐까 라는 생각에 119를 부르기까지 했다.

하지만 돌이켜보면 이 모든 것의 시작은 단순한 '생각'일 뿐이었다. 생각만으로 나는 죽을지도 모른다는 오판을 내리고 말았다. 생각에 지나치게 힘을 실어주고, 그 무게에 휘둘린 것이다. 너무 생각에 힘을 주지 말아야 한다는 걸 알면서도, 멈추지 못했다. 부정적인 생각이 거짓임을 주변 사람들에게 들어도, 나는 그 생각을 놓지 못했다. 아니,

놓지 않았다는 표현이 더 맞을 것이다. 나의 부정적인 생각이 옳지 않았다면, 내게 정말 문제가 있지 않았다면, 그 실수도 하지 않았을 거고, 이렇게 괴롭지도 않았을 거라는 빌어먹을 또 다른 생각 때문이었다.

부정적인 생각이 반복되는 이유는 인간의 뇌의 작용 방식과 관련이 깊다고 한다. 우리의 뇌는 긍정적인 정보보다 부정적인 정보에 더 민감하게 반응하도록 발달했다. 원시 환경에서는 생존을 위해 부정적인 정보를 빠르게 처리하는 것이 중요했기 때문이다. 숲에서 바스락 거리는 소리가 들리면, 무시무시한 호랑이 같은 것이 나타나 해칠지도 모른다는 생각을 해서 미리 만일의 사태를 대비할 수 있듯이, 부정적인 생각은 생존에 도움이 되었다. 하지만 현대 사회에서는 이런 부정 편향이 걱정과 불안을 과도하게 키우고, 작은 실수에도 민감하게 반응하게 만들며 자책감을 키우는 요인까지 되었다.

꼬리에 꼬리를 무는 부정적인 생각에서 벗어나기 위해서는 어떻게 해야 할까. 나는 여러 방법을 시도해봤다. 처음에는 그 생각을 단순히 억누르려고 해봤다. "부정적 생각, 그만!"이라고 속으로 외치며 지워버리려 했다. 단기적으로는 효과가 있는 듯했지만, 시간이 지나면 그 생각은 다시 고개를 들고 나를 괴롭혔다. 마치 덫에 걸린 기분이었다. 그러다 어느 책에서 발견한 한 구절이 큰 깨달음을 주었다.

"생각과 사실, 감정을 구분해서 바라봐."

그 말을 듣고 깨달았다. 내가 하는 부정적인 생각을 '사실'로 받아들인 것이 문제의 시작이었다는 것을. 생각은 생각일 뿐, 사실이 아니었다. 하지만 나는 그 생각을 사실과 동일시하며 불필요한 감정을 키우고 있었다. 이를 알아차리고 나니, 부정적인 생각이 전처럼 강력하게 나를 휘두르진 못했다. 물론 완전히 없어지지는 않았지만, 그 생각의 힘은 이전보다 훨씬 약해졌다.

사실 사건과 생각을 분리하는 건 쉽지 않은 작업이다. 특히 몸과 마음이 지칠 때는 더 어렵다. 너무 괴로울 때는 무리하게 나아지려고 애쓰기보다 '시간'의 도움을 받는 것이 필요할지도 모른다. 마음의 여유를 회복해야 비로소 생각과 사실, 감정을 분리해볼 수 있는 여유가 생기기 때문이다.

뭐든 '적당히'가 중요하다. 지나치게 긍정적인 생각만 하려고 하는 것도 좋지 않듯, 부정적인 생각을 아예 무시하려는 것도 바람직하지 않다. 대신, 부정적인 생각이 꼬리에 꼬리를 물고 괴롭힐 때 스스로에게 이렇게 질문해보는 건 어떨까.

"이게 사실일까? 감정에 치우친 생각은 아닐까?"

이 간단한 질문이 부정적인 생각의 고리를 끊을 수 있는 가위가 되기를 바란다. 그리하여 우리 모두가 조금 더 편안한 마음으로, 앞으로 나아가길 희망한다.

나보다 다 나은 것 같아

가끔 주변을 둘러보면, 모두가 나보다 다 나은 삶을 살고 있는 것처럼 느껴질 때가 있다. 친구들은 나보다 매력 있는 성격, 뛰어난 외모를 가지고, 더 많은 성취를 하고 있는 것 같고, 나는 뭔가 뒤처져 있다는 기분에 사로잡히곤 했다. 특히 SNS를 하면서 사람들이 행복하게 웃는 모습이나 즐겁게 여행을 다니는 사진을 볼 때마다, 나도 모르게 비교를 하게 됐다.

"왜 나는 저렇게 살지 못할까?"

이런 생각은 꼬리를 물고 이어지며 내 삶을 작아 보이게 만들었다. 한편으로는, 나보다 잘난 사람들을 보며 부러워했던 만큼, 반대로 나보다 부족하다고 느껴지는 사람들을 보면서는 은연중에 우월감을 느끼기도 했다. 이런 미성숙한 마음은 결국 사람들을 '나보다 나은 사람'과 '나보다 못한 사람'으로 나누는 내 태도에서 비롯된 것 같았다. 친구가 공모전에서 상을 타고 대외활동을 열심히 하며 스펙을 쌓을 때, 나는 내가 이뤄낸 것들이 괜히 초라해 보였다. 물론 "저 친구는 노력도 많이 했으니까"라며 나름의 이유를 찾아 비교를 멈추려고도 해봤다. 그런데 한편으로는 나보다 부족하다고 느껴지는 누군가를 보며 안도감을 느끼기도 했었다. 나와 남을 이렇게 끊임없이 견주며 부러움과 우월감을 번갈아 느끼는 나 자신을 마주할 때면, '나 참 별로네'라는 생각이 절로 들었다.

왜 나는 그렇게 남들과 비교하며 흔들렸을까?

왜 사람들을 나보다 나은 사람과 못한 사람으로 나누어 평가했던 걸까?

아마도 남들과 나를 자주 비교했던 이유는 내 안에 자리 잡은 **불안** 때문이었을 것이다. 나도 좋은 성과를 내고 싶은데, 내가 나를 믿지 못하니 자꾸만 흔들렸다. "내가 저 사람처럼 나아질 수 있을까?"라는 자기불신이 이런 비교의 근원이었을지도 모른다.

사실 사람들의 겉모습만 보고 나와 견주는 건 비합리적인 행동에 가깝다. 대부분의 사람들은 자신의 못난 면을 보여주지 않는다. 잘난 모습만 보여주려 하지. 그런데 나는 그들의 잘난 일면만을 내 못난 일면과 비교하며 질 수밖에 없는 무의미한 싸움을 하고 있었다. 그리고 그들이 겉으로는 성취한 것처럼 보일지라도, 나처럼 나름의 고민과 불안을 안고 사는지도 모른다는 걸 그때는 미처 생각하지 못했다.

그런데 언젠가부터 내 못난 면만 보고 빠져들었던 자기혐오에서 조금씩 벗어나게 되었다. 여전히 나에겐 부족한 부분이 남아있지만, 그것 때문에 괴로워하거나 몸서리칠 만큼 싫어하지는 않게 되었다.

"나는 나고, 너는 너다."

어느 순간부터 이런 마음가짐을 장착한 덕분이다. 남들과 비교하며 부러워하거나 우월감을 느끼는 일도 드물어졌다. 물론 사람인지라 가끔 그런 마음이 스치기도 하지만, 이제는 그리 오래가지 않는다. 지금의 나는 이렇게 생각한다.

"너는 너 잘난 대로 살아라. 난 나 못난 대로 살게."

여기서 '못난 대로'라는 말이 *"난 쓰레기야"* 와 같은 좌절이나 자기비하를 뜻하지는 않는다. 오히려 내 부족한 부분을 있는 그대로 받아들이겠다는 다짐에 가깝다. 예전에는 내 결점을 새로운 장점으로 갈아끼우고, 인간 자체를 개조하듯 변하고 싶다는 욕망에 사로잡혔다. 하지만 지금은 그 마음마저 식어버렸다. 얼굴이 장원영이 아니고, 성격이 이영지가 아니면 뭐 어떤가. 내가 좀 못나도 지금의 평온함이 더없이 소중한데.

내가 괴로웠던 이유는 결점 그 자체가 아니라, 그 결점을 받아들이지 못했던 데 있었다. 막상 결점을 받아들이고 나니, 내 삶이 훨씬 매우 정말 편안해졌다. 언제부터 이런 마음을 갖게 되었는지는 정확히 모르겠다. 아마도 남들과 비교하며 스스로에게 모질게 구는 것에 진절머리가 쳐질 지경에 이르렀을 때가 아닐까 싶다.

비교에서 자유로워지는 연습

혹시 당신도 나처럼 남들과 나를 비교하며 스스로를 괴롭힌 적이 있는가? 그렇다면 이렇게 생각해보는 건 어떨까.

"나는 나고, 너는 너다."

이 간단한 문장이 비교의 굴레에서 벗어나게 하는 데 큰 힘이 된다. 우리가 비교를 멈추지 못하는 이유는 대개 '스스로의 결핍감'에서 비롯된다. 우리는 누구나 완벽하지 않다. 저마다 한두 가지쯤은 부족한 채로 살아간다. 그 결핍을 스스로 마주하게 될 때면, 마음이 불편해지고 자기혐오가 스며든다. 그리고 마침 내가 가지지 못한 무언가를 누군가가 가진 걸 보게 되면, 비교는 자연스럽게 시작된다.

'왜 나는 저걸 갖지 못했을까.' '왜 나는 저만큼 되지 못했을까.'

그 순간부터 비교는 나 자신을 향한 실망과 자책으로 이어진다. 어쩌면 비교는 '나는 지금 이대로 괜찮은가'를 확인하려는 마음의 버릇일지도 모른다. 하지만 그 마음에 익숙해질수록, 우리는 자꾸 외부의 기준에 나를 끼워 맞추게 된다.

그래서 진짜 바꿔야 할 것은 결핍을 대하는 내 태도일지도 모른다.

당신이 가진 강점과 약점을 있는 그대로 바라보고 인정한다면, 조금씩 남과 나를 떼어낼 수 있다. 나의 속도, 나의 리듬으로 살아도 괜찮다고 믿게 될 때, 비교는 더 이상 필요 없는 일이 된다.

물론 한 번에 완전히 바뀌는 건 어렵다. 적어도 20년 이상을 비교하며 살아왔을 텐데 한순간 놓아버리는 건 당연히 쉽지 않을 테니까. 하지만 조금씩, 천천히 연습하다 보면 어느새 비교의 고리가 느슨해져 있을 것이다. (일단 내가 그 증거다.)

그리고 기억하자. 세상에 완벽한 사람은 없다. 겉으로 잘난 것처럼 보이는 사람들도 저마다의 고민과 불안을 안고 산다. 당신이 보지 못하는 그들의 약점은 어쩌면 당신이 갖고 있는 장점일지도 모른다.

결국 중요한 건, 남들과 비교하는 것 대신 내가 나의 삶을 더 편안하게 살아가는 것이다. 당신도 당신만의 속도로, 당신만의 방식으로 더 편안하고 자유롭게 살아가길 바란다.

당신은 이미 잘난 구석도 있고 못난 구석도 있는 충분히 사람다운 사람이다.

병명은 극소심증입니다

혹시 이런 적 없나?

"이렇게 말하면 날 이상하게 생각하진 않을까?"

"이렇게 했다가 날 싫어하게 되면 어쩌지?"

타인의 시선을 지나치게 의식하고, 하고 싶은 말을 하지 못하며, 간단한 부탁조차 어려워하는 순간들. 처음엔 이런 고민은 나만의 문제라고만 생각했다. 하지만 의외로 같은 문제를 겪는 사람이 이렇게 많은 줄은 미처 몰랐다.

가끔은 이런 상상을 한다.

만약 이게 단순한 성격이 아니라 병이라면?

아마 나는 병원에서 '극소심증'이라는 진단을 받았을 것이다. 소심 중에서도 최상위 레벨인 극소심증.

나는 소심한 성격으로 살아가는 게 얼마나 힘든지 안다. 나도 한 소심했으니까. 머리가 자라고 시간이 지나면서 조금 나아지기는 했지만,

여전히 소심한 내 모습은 완전히 사라지지 않았다. 먹고 싶은 메뉴를 말하는 일, 힘들면 힘들다고 솔직히 털어놓는 일, 관심 있는 사람에게 먼저 다가가 말을 거는 일. 다른 사람들은 쉽게 하는 일들이 내게는 참 많은 시간이 걸렸다.

소심하게 살면 손해 보는 일이 많다. 중학생 때, 버스 하차벨을 못 눌러서 한 정거장을 더 가서야 내렸던 일이 기억난다. 지금은 그런 일이 생기면 "기사님, 죄송한데 문 열어주실 수 있나요?"라는 말할 수 있는 용기가 생겼다. 심지어 '용기'라고도 생각하지 않고 행한다. 나이가 들면서 이런 깨달음을 얻었기 때문이다.

"내가 표현하지 않으면, 내 손해다."

하지만 여전히 완전히 극복하지 못한 소심함도 있다. 예를 들어, 나는 친구들에게 먼저 "놀자"고 말하지 않는 편이다. 가장 편한 친구 한테는 먼저 말할 때도 있지만 대부분 친구가 먼저 만나자는 연락을 하는 편이다. 이 말을 꺼내기가 어려운 이유는 단순했다. 친구들이 싫어서가 아니고 놀기 싫어서가 아니다. 혹시나 거절 당할까 봐 두려운 마음 때문이었다. 어릴 때, 내 생일파티에 초대한 친구에게 재미가 없다는 말을 들었던 상처가 아직도 남아 있던 탓일까? 내가 먼저 "놀자"고 말했을 때, 상대가 기대만큼 나와 노는 시간을 즐거워하지 않을 것 같다는 걱정이 들었기 때문이었는지도 모른다.

그렇지만, 이제는 소심한 내 모습을 조금씩 받아들이게 되었다. 소심한 나도 결국 나라는 존재의 일부다. 예전에는 이 소심함을 극복해야만 한다고 생각했다. 소심한 성격이 내게 많은 손해를 가져온다고 여겼다. 그래서 억지로 대담한 척하며 앞에 나서기도 했고, 필요 이상으로 과장된 행동을 하기도 했다. 하지만 그런 행동은 결국 나를 더 지치게 만들었고, 이불킥 하는 순간도 많아졌다.

그러다 문득 이런 생각이 들었다.

"바꾸기 힘들다면, 그냥 이대로 살아보는 것도 방법이 아닐까?"

전 장에서도 말했듯이, 소심한 나도 그냥 나였다. 이렇게 생각하니까 굳이 못 견딜 것도 없었다. 손해? 보면 보는 거지 뭐. 못 참을 만큼 괴로우면 그땐 알아서 다르게 행동하지 않을까? 하는 태평한 생각을 하기도 한다. 이렇게 받아들이며 살기 시작하니 훨씬 사는 게 편해졌다. 물론 소심한 성격 때문에 불편할 때가 여전히 존재하지만, 적어도 내가 소심한 나를 싫어하고 비난하는 일은 멈췄으니 말이다.

소심함을 극복하기 전에 해야 할 일: 나를 받아들이기

허지웅 작가의 에세이 『살고 싶다는 농담』에서 이런 구절을 읽은 적이 있다.

"언젠가 알게 되겠지만, 나와 내 주변의 결점을 이해하고 인내하는 태도는 반드시 삶에서 빛을 발한다. 그걸 할 줄 아는 사람과 모르는 사람의 삶은 확연히 차이가 난다."

소심함은 내가 가진 결점 중 하나였다. 오랫동안 그것을 극복해야만 하는 큰 문제라고 여겨왔다. 하지만 결점을 없애려 하기 전에, 제일 먼저 해야 했던 건 그 결점을 **있는 그대로** 인정하고 받아들이는 일이었다. "나는 소심해선 안 돼"라는 강박을 내려놓고, "나는 소심한 사람이 맞아"라고 인정하는 것. 그럼에도 불구하고 "조금 더 자유롭게 표현하며 살고 싶다"는 마음으로 한 걸음씩 나아가는 편이 훨씬 건강한 방향이라는 걸 이제는 안다.

작은 용기를 내는 연습

만약 당신도 나처럼 극소심증이라면, 나처럼 작은 용기를 내보는 것은 어떨까?

친해지고 싶은 사람에게 먼저 다가가 말을 걸어보는 것, 하기 싫을 땐 솔직하게 "하기 싫다"고 말해 보는 것. 이런 작은 행동 하나가 당신의 인생을 조금씩 변화시킬 수 있다.

그리고 기억하자. '완벽한' 변화를 이뤄내야 하는 건 아니다. 작은 도전이라도, 그 자체로 의미 있는 변화다. 소심함을 받아들이면서, 더 나은 자신을 향해 작은 걸음을 내디뎌보자. 실패하거나 거절당하더라도 괜찮다. 밑져야 본전이니까.

결국 중요한 건, 나라는 존재를 있는 그대로 받아들이고, 내가 편안한 마음으로 살아가는 것이다. 어떤 결점이 당신을 괴롭힌다면, 그것과 싸우기 전에 먼저 그걸 인정하고 함께 잘 살아갈 방법을 찾아보자.

작지만 위대한 도전을 시작해보자.

당신이 내디딜 한 걸음은, 생각보다 더 큰 변화를 만들어낼지도 모르니까.

프로 연쇄 회피자

믿거회.

다들 한 번쯤은 들어봤을 것이다. 믿고 거르는 회피형. 부끄럽지만, 그게 바로 나였다.

당신이 지금까지 쭉 읽었다면 내가 인턴을 했었다는 걸 알고 있을 것이다. 그런데 이번에 처음 밝히는 사실이 있다. 나는 인턴 기간 동안 퇴사를 번복한 적이 있다. 퇴사를 결심하고는 의사를 밝혔지만, 하루만에 번복했다. 그리고 다닌 지 한 달 만에 결국 진짜 퇴사를 했다. 퇴사를 마음먹기 전, 나는 이미 밑밥을 깔아두었다. 표정이 좋지 않은 티를 내고, 힘들어 하는 모습을 일부러 보여줬다. "저 친구는 언제 그만 둬도 이상하지 않겠다"라는 분위기를 만들려 했던 거다. 지금 생각하면 정말 비겁한 행동이었다. 그땐 그것이 최선이라 믿었지만.

지금 돌이켜보면, 인턴 생활을 계속 이어갈 수도 있었을 거란 생각이 든다. 마음먹기에 달렸다면 말이다. 어느 날 한 유튜브 영상의 댓글을

봤다. 사내 왕따를 당하면서도 회사를 다닌다는 내용이었다. 처음엔 믿기지 않았다.

"왕따인데도 어떻게 회사를 계속 다닐 수 있지?

나라면 벌써 도망치고도 남았을 텐데."

그 댓글의 배경이 무엇이든, 나는 그저 대단하다는 생각이 들었다. 회사는 이익을 내기 위해 모인 집단이지 친구를 사귀는 곳이 아니라는 말이 문득 떠올랐다. 그렇다면 관계가 순탄치 못해도 일만 묵묵히 해낸다면 못 다닐 것도 없지 않을까? 라고 머리로는 생각했지만, 만약 내가 똑같은 상황에 처한다면 정말 버틸 수 있을지 자신할 수는 없었다.

회사를 뒤로 하고 나온 뒤, 나는 내 삶을 다시 돌아보게 되었다. 단순히 일에 대한 회피만이 아니었다. 나는 인간관계에서도 회피를 일삼았다. 친구와 싸울 것 같으면 대화를 피하고, 가족과 갈등이 생길 것 같으면 자리를 피했다. 갈등을 직면했을 때의 긴장감이 싫었다. 혹시라도 나를 싫어하게 될까 봐 두려웠다. 나는 갈등을 관계의 **끝**으로 여겼기에, 마주하는 것 자체가 힘들었다.

그렇게 회피를 거듭하며, 나는 점점 더 움츠러들었다. 최악의 경험을 하고 최악의 감정을 느꼈을 때, 나는 스스로를 방구석에 꽁꽁 숨기고 싶었다. 인턴 퇴사 번복 후 결국 퇴사했던 경험은 내게 수치심으로 남았다. "이런 쪽팔린 짓을 한 나를 아무도 이해하지 못하겠지. 모두 날 외면할 거야." 이런 생각들로 집 안에 틀어박혔다. 밖으로 나가기엔 세상이 너무 위험해 보였다.

그러던 어느 날, 드라마 한 편이 나를 방 밖으로 꺼내주었다. 오랜만에 대학교 동창회에 나간 주인공은 자신이 꿈꿨던 직업을 성취한 후배와 번듯한 직장을 다니는 동기들을 만난다. 그들과 비교하며 스스로를 초라하게 여기던 그녀는 자책에 빠지고, 자존감은 바닥까지 추락한다. 방 안에서 울고 있는 그녀에게 그녀의 어머니는 보다 못해 단호하게 소리친다.

"거기 방송반 모임 가니까 다 잘된 것들밖에 없디? 그걸 거기 가야 알아? 거기 안 가도 너보다 잘난 것들 세상천지야! 너 그럴 때마다 이렇게 질질 짜면서 밥도 안 먹고 드러누워 있으면 그게 방법이 돼? 해결이 되냐고!

잘난 거랑 잘 사는 거랑 다른 게 뭔지 알아? 못난 놈이라도 잘난 것들 사이에 비집고 들어가서 '나 여기 살아있다', '나 보고 다른 못난 놈들 힘내라' 이러는 게 진짜 잘 사는 거야.

잘난 거는 타고나야 되지만 잘 사는 거는 너 할 나름이라고."

이 장면을 보고 나는 결심했다. 이렇게 누워만 있는 건 아무런 해결책이 되지 않는다. 집 밖으로 나가서 뭐라도 해보자. 그렇게 나는 작은 일부터 시작했다. 돈은 벌어야 하니까 알바를 구했다. 취업은 여전히 두려웠기에 수익화가 가능한 부업도 시작했다. 이모티콘을 그리고, 글을 쓰기 시작했다.

내가 여기서 깨달은 것은 이것이다. 나는 회피만 하는 사람이 아니었다. 회피하다가도 부딪쳐볼 용기가 있는 사람이었다.

회피에도 시간이 필요하다

혹시 지금 스스로가 쪽팔리고 수치스럽고 못나 보인다고 느끼고 있는가? 그렇다면 이렇게 생각해보자.

"지금 잠깐 도망치는 것도 괜찮아. 다만 너무 오래 주저앉지는 말자."

잘나지 못하면 어떤가? 못나면 또 어떤가? 평생 그렇게 살지는 않을 텐데. 우리가 잠시 넘어졌을 때는 쉬어야 할 때를 의미하기도 한다. 그리고 언젠가 다시 일어났을 때는 보이지 않던 길이 보일 것이다. 단단해진 나의 모습과 함께.

내가 경험한 회피는 단순히 도망이 아니라, 다시 시작하기 위한 잠깐의 숨 고르기였다. 당신도 그렇게 생각하며 잠시 쉬었다가 천천히, 그러나 분명히 다시 일어나면 된다. 3보 전진을 위한 2보 후퇴라고 생각하면 그만이다.

인턴 퇴사 번복 후 한 달만에 퇴사한 나보다는 직장이든 학교든 잘 다니고 있는 당신이 낫다는 생각은 안 드는가? 이런 못난 나도 맘 먹고 잘난 사람들 사이에 껴서 나름 잘 살고 있기에 당신이라고 못 살 이유는 없을 거라고 말해주고 싶다. 어떤 일 때문에 스스로가 너무 수치스럽고 쪽팔리고 못 견디겠더라도 그럴 때마다 나를 기억해주길 바란다.

'이 사람도 지금은 잘 사는데 나라고 못 살 게 뭐야?'

그리고 다시 한번 새겨보자.

【 잘난 거는 타고나는 것이지만,
  잘 사는 건 당신의 선택으로 만들어진다.】

생각으로만 했던 진로 고민

"넌 커서 뭐가 되고 싶니?"

어릴 적 누구나 한 번쯤 들어본 질문이다. 그 질문에 대해 명확한 답을 일찌감치 찾은 사람도 있겠지만, 나처럼 매번 머릿속에서만 답을 떠올리다 결국 행동하지 못한 사람도 많을 것이다. "이게 정말 나한테 맞는 길일까? 내가 잘할 수 있을까?" 라는 의심과 두려움이 행동을 가로막았고, 결국 진로에 대한 고민은 늘 생각으로만 맴돌았다.

생각이라는 건 꽤 안전한 회피 방법인 것 같다. 머릿속에서만 가능성을 그려보며 희망회로를 돌릴 수도 있고, 좀 힘들어 보인다 싶으면 "아마 나랑은 안 맞을 거야"라며 슬쩍 넘겨버릴 수도 있다.

나는 그랬다. "완벽한 타이밍에, 완벽하게 준비됐을 때 시작해야지" 라는 생각으로 행동을 계속 미뤄왔다. 그런데 정말, 완벽한 타이밍과 완벽한 준비가 모두 갖춰진 순간이 과연 몇이나 될까?

아마 그런 건, 영원히 오지 않을지도 모른다.

늘 꿈꾸기만 했다. "내가 정말 열심히만 하면 성공할 수도 있지 않을까?"라는 상상에 설레기도 했지만, 그 상상은 결국 머릿속에서 멈춰버리고 말았다. 막상 행동하려 하면 두려움이 밀려왔다. 그리고 시도조차 하지 않은 것에 대해 스스로 합리화했다. "아직 준비가 덜 됐어.", "이건 나와 맞지 않을 거야." 이런 핑계들로 행동을 무산시키고, 다시 제자리로 돌아왔다.

그러다 보니, 진로 고민은 어느새 내게 '생각으로만 하는 일'이 되어버렸다. 용기가 부족해서였을까? 아니면 실패에 대한 두려움 때문이었을까? 아마 후자가 더 컸을 것이다. 실패는 피해야 할 경험이라고 여겼다. "실패하면 사람들이 실망하겠지, 날 비웃겠지."라는 생각이 머릿속에 지천으로 깔려 있었다. 실패한 나 자신을 사람들이 손가락질하는 장면을 상상하는 것만으로도 두려움이 앞섰다. 그러니 아예 시도하지 않으면, 실패라는 결과도 없을 테니 안전하게 **생각**만 했던 거다.

하지만 그 생각이 정말 내 인생을 '안전하게' 만들어줄까? 요즘 나는 이런 질문을 스스로에게 던지곤 한다. 생각만 하다가 너무 늦어버리기 전에, 이제는 행동으로 옮겨야 한다는 것을 알고 있다. 대학 졸업 후에 사회에 나가면 더 큰 선택과 도전이 요구될 텐데, 그때도 이렇게 머뭇거리기만 한다면— 그게 진짜 **실패**가 되는 게 아닐까?

그래서 이제는 조금 달라졌다. 여전히 진로에 대한 고민은 이어지고 있지만, 지금은 뭐라도 작은 '행동'을 시작해보려 노력 중이다. 남들은 다 취업하는 시기에 내가 너무 느린 건 아닐까 하는 불안감이 가끔 스치기도 한다. 하지만 그 불안은 오래 가지 않는다. 내가 무언가를 하고 있기 때문이다. 그리고 그 일이 내가 좋아하는 일이라는 점에서 불안 속에서도 나름의 의미를 찾고 즐겁게 하려 한다.

아마 대학생 시절이 실패를 두려워하지 않고 무언갈 시도해볼 수 있는 가장 안전한 시기일지도 모른다. 가끔 실패도 해봐야 내가 어디로 가고 있는지 알게 되지 않을까? 실패와 성공은 결국 같은 길 위에 있다는 말을 들은 적이 있다. 실패를 하면 당장은 기분이 썩 좋지 않지만, 그래도 그 안에서 얻는 게 있다. 실패한 경험은 다음 도전에서 미세할 정도라도 더 나아질 기회를 준다. 그 과정을 통해 조금씩 나아가다 보면, 어느 순간 성공이라는 목적지에 도달해 있을지도 모른다.

그러니까 두렵더라도, 한 번은 가보지 않은 길로 발을 내디뎌보자. 그 길이 실패로 끝날지라도, 그 경험은 나를 한 걸음 더 앞으로 이끌어줄 테니까. 결심이 필요하다면, '지금'이 바로 그 순간이 아닐까? 행동하지 않으면, 아무것도 달라지지 않는다. 지금의 작은 용기가 언젠가 큰 변화를 가져다줄 수 있다. 그러니, 당신의 고민도 이제는 머릿속에서만 되풀이되지 않았으면 좋겠다.

생각에서 행동으로 나아가는 그 첫 걸음을 내디뎌보자.

처음부터 성공하고 싶었다

누구나 실패보다는 성공을 원한다. 하지만 나는 조금 더 비합리적인 욕망을 품고 있었다. 단순히 '성공하고 싶다'가 아니었다. 나는 '처음부터' 성공하고 싶었다.

내가 진로고민을 머릿속에서만 반복했던 이유도, 실패에 대한 두려움이 컸기 때문이었다. 그런데 그 두려움의 이면에는 더 큰 문제가 있었다. '뭐든 처음부터 잘 하지 못할 것 같으면, 애초에 시도조차 하지 않는 마음.' 남들은 열심히 몸으로 부딪치며 배우는 동안, 나는 머릿속에서만 이상적인 시나리오를 그리며 현실에 발을 들이지 못했다. 지금 돌이켜보면, 처음부터 성공하려는 그 욕망은 꽤나 터무니없는 욕심이었다.

물론 세상에는 처음부터 잘 하는 사람이 있을지도 모른다. 유튜브만 봐도 뭐든 처음부터 척척 해내는 천재들이 종종 눈에 띄니까. 그들을 보며 나도 문득 이런 생각을 했다.

"나에게도 어쩌면 처음부터 잘 해낼 수 있는 '무언가'가 있지 않을까?"

그 기대는 내 안에 '완벽해야 한다'는 빌어먹을 이상주의를 심어주었다. 그 결과는 뻔했다. 첫 시도에서 실패하면 곧장 좌절했고, 좌절은 곧 포기로 이어졌다. 그 포기는 스스로를 보호하려는 핑계로 단단히 무장했다.

"해 봤자 실패할 거야."

"이건 나랑 안 맞는 것 같아."

이렇게 도전하지 않을 이유를 만들어가며, 나는 같은 자리에서 같은 생각만을 반복했다.

시간이 흐르며 깨달았다. 처음부터 성공하고 싶다는 마음은 도둑놈 심보라는 걸. 처음부터 잘할 거라는 기대는 나를 자꾸 멈춰 세우고, 행동하지 못하게 만드는 족쇄가 되었다. 이제라도 이걸 내려놓고, 서툴더라도 한 걸음씩 나아가야 한다는 걸 조금씩 배우기 시작했다.

나는 글을 잘 쓰고 싶다는 욕심이 항상 있었다. 하지만 모든 초고가 그렇듯이, 나의 첫 초고는 늘 형편없었다. 나는 이걸 '실패'로 받아들였다. 그러니 처음부터 실패할 거란 생각에 애초에 글을 쓰고 싶어도 손이 움직이지 않았다. 그러던 어느 날, '프리라이팅'이라는 걸 시작해보았다. 이건 아무 주제나 의식의 흐름대로 10분 동안 주저하지 않고 글을 쓰는 작업이다. 한 달 넘게 매일 이 작업을 해보니 신기한 일이 일어났다. 글쓰기에 대한 완벽주의가 사그라들고, 막연한 두려움도 눈에 띄게 사라졌다. 형편없어 보이는 초안도 '원래 그런 것'이라는 마음으로 받아들일 수 있게 됐다. 한 달에 30번이 넘는 실패를 거듭하면서, 실패가 점점 덜 무서워졌다. 그러자 점점 글쓰기가 익숙해지고 재미도 붙었다. 심지어 실력도 내 기준에서는 늘었다.

그제야 알았다.【실패는 좌절의 표식이 아니라, 성장의 과정 중 하나】라는 걸. 실패를 반복하며 앞으로 나아가다 보면, 어느 순간 성공에 닿을 수 있다는 희망이 서서히 싹튼다는 것도 알게 됐다. 그러니 작게나마, 서투르게나마 시도하고 실패하는 과정이 점점 더 소중하게 느껴졌다. 그리고 생각했다. 누군가의 천재적인 모습과 나를 비교하기보다, 내가 할 수 있는 만큼 실패하고 다시 일어서며 나아가는 게 진짜 중요한 진짜 중요한 일이 아닐까―하고.

아마도 우리에게 필요한 건 처음부터 완벽하게 성공하려는 이상이 아니라, 계속해서 다시 도전하려는 덤덤한 용기일지도 모른다. 어떻게 보면, 삶이란 끊임없이 넘어지고 일어서는 과정의 연속일 테니까. 실패를 딛고 더 나은 실패를 하며 성장하고, 끝내는 성공으로 나아가는 길, 그 길이 바로 더 나은 나를 만날 수 있는 길이지 않을까?

농구 황제 마이클 조던의 말처럼, 실패는 성공의 밑바탕이 된다.

"나는 선수 생활 동안 9000번 이상의 슛을 실패했고, 약 300경기에서 졌다. 경기 종료 직전 결승 슛을 실패했다. 계속 실패하고 실패했다. 이것이 내 성공의 이유다."

조던의 말은 자신이 몇 번이나 실패했는지 정확히 파악하고 있는 그의 메타인지를 보여주는 동시에, 실패에 좌절하지 않는 강인한 마음과 인내를 알려준다. 나는 이 말을 듣고 감탄하며 깨달았다. 고작 한 번의 실패에도 쉽게 좌절하고 도전을 꺼렸던 내가 얼마나 부끄러운 태도를 가졌는지.

"그래, 실패 그거 몇 번이나 해봤다고 좌절하나?

조던처럼 9000번이나 실패하지도 않았으면서 감히 좌절하지 말자."

그날부터 내 목표는 달라졌다.

몇 번이고 도전하고, 몇 번이나 실패하고, 몇 번이나 다시 일어나는 사람이 되자. 실패가 더 이상 끝이 아닌 새로운 출발점이 되도록.

처음부터 성공하려고 하지 말고. 대신 실패를 두려워하지 말고, 반복해서 도전하자. 실패 속에서 배우고 성장하는 나 자신을 발견할 수 있을 테니까. 그렇게 가볍게 도전하고, 깨지고, 넘어지고, 일어나다 보면 어느새 성공이라는 결승점에 가까워질 것이다. 그리고 그 성공과 함께, 더 단단해진 나를 만날 수 있을 것이다.

실패를 두려워하지 않는 우리는 결국엔 성공 내지 성장하지 않고는 못 배길 거다.

의미 없는 의미부여

가끔 나는 주변 사람들의 눈빛, 표정, 말투를 하나하나 뜯어보며 혼자 상상의 나래를 펼치곤 했다.

"저 사람이 지금 나를 싫어하는 건 아닐까?"

"아까 그 말, 무슨 뜻이지? 혹시 안 좋은 의미는 아닐까?"

이런 생각들이 나도 모르게 불쑥 튀어나와 꼬리에 꼬리를 물 때면, 그 의미들은 점점 더 커지고 무거워져 나를 짓눌렀다.

소심한 성격 탓도 있겠지만, 어쩌면 이건 근본적인 불안감에서 비롯된 행동일지도 모른다. 주변 사람들, 특히 가까운 이들이 나를 어떻게 생각하는지 궁금하고 불안한 마음은 '어떤 의미를 찾아내야 더 안전할 것 같다'는 본능적인 욕구로 이어졌다. 내 주변 상황들을 정확하게 파악해야만, 닥칠 위기나 문제를 피할 수 있을 것 같은 일종의 방어기제였던 것 같다.

하지만 이런 과도한 의미부여는 나를 오히려 더 지치게 만들었다.

친구들의 말 한 마디, 직장 동료들의 사소한 행동에도 나 혼자만의 판단과 상상을 더하며 스스로 피로를 느꼈다.

"왜 저렇게 말했을까?"

"저 행동의 숨은 의미는 뭘까?"

이런 질문들 속에서 나는 불필요한 고통 속에 빠져들었다.

얼마 전, 예전에 자주 듣던 아이유의 〈안경〉이라는 노래가 생각이 나 찾아 들었다. 그 가사 속 몇 줄이 유난히 내 마음에 꽂혔다.

> 그렇다 해도 안경을 쓰지는 않으려고요
> 하루 온종일 눈을 뜨면 당장 보이는 것만 보고 살기도 바쁜데
> 나는 지금도 충분히 피곤해
> 까만 속마음까지 보고 싶지 않아
> 나는 안 그래도 충분히 피곤해
> 더 작은 글씨까지 읽고 싶지 않아

이 가사를 들으며 나를 돌아보았다. 내가 숨은 뜻을 해석하려 하고 의미를 부여했던 것이 사실 나를 얼마나 지치게 만들었는지.

그저 보이는 만큼만 보고, 들리는 만큼만 듣고, 있는 그대로 받아들이며 살 순 없을까? 그것만으로도 충분히 피곤한 하루를 살아가고 있는데,

굳이 그 이상을 알아내려는 집착이 나를 더 힘들게 했던 건 아닐까?

어느 날, 유튜브에서 들은 한 문장이 다시 떠올랐다.

"혼생, 혼판, 혼결 하지 말라."

혼자서 생각하고, 혼자서 판단하고, 혼자서 결론 내리는 습관이 스스로를 고립시키고 불필요한 고통을 만드니 하지들 말자는 내용이었다. 문득 깨달았다. 내가 지나치게 의미를 부여할 때마다 결국 그 커다란 의미에 짓눌려 스스로를 괴롭히고 있었다는 걸.

지나친 의미부여는 그만

과도한 의미부여는 때로는 피해의식으로 번진다.
그래서 조심해야 한다. 나도 한때, 누군가의 언행 하나하나에 과도한 의미를 부여하며 "나를 싫어하는 게 분명해"라고 단정 지었던 적이 있다. 이런 지나친 해석은 점점 내가 피해자인 것처럼 느끼게 만들었다. 사실 아무 일도 아니었을 상황을, 나는 혼자서 확대 해석과 혼생, 혼판, 혼결을 하며 고통받는 걸 자처하고 있는 셈이었다.

그렇다면 왜 우리는 굳이 의미를 부여하려 하는 걸까? 설령 숨은 의미가 있다 한들, 그게 부정적인 의미라 해도, 사실 **상관없는 거 아닌가?** 생각해보면, 우리는 어쩌면 모두 각진 안경을 쓰고 자신의 상상 속에서만 존재하는 의미를 덧씌우며 살아가고 있는지도 모른다. 정작 아무 의미도

의도도 없는 언행이었을지도 모를 일에. 그렇게 생각하면 의미부여도 의미 없는 짓이 되어버리고 말겠지.

그래서 이제 나는 다짐했다.

불필요한 의미를 덧붙이려 애쓰지 않기로. 사람들의 눈빛 하나, 무심히 던진 말 한마디에 더는 시간과 감정을 쏟아붓지 않기로. 어쩌면 그저 지나가는 바람처럼 흘려 보내면 될 일이다. 의미를 억지로 찾아내려 하지 않고, 보이는 대로, 들리는 대로 받아들이며 살아가기로 했다. 충분히 피곤한 하루하루를 보냈으니까 힘들었던 만큼 편안해지려고 한다.

있는 그대로, 더 담백하게

우리는 눈앞에 펼쳐진 순간을 받아들이는 것만으로도 충분히 바쁘고, 충분히 소중한 시간을 살고 있다. 보이는 것만 보고 살기도 바쁘기에, 굳이 보이지 않는 것에 의미를 붙이며 스스로 피곤하게 만들 필요는 없다. 가끔은 그저 내 마음이 편한 대로 흘러가게 두는 것도 필요할 테니까. 그것이 진정으로 나를 위하는 방법일지도 모른다.

오늘부터는 조금 더 가볍게 살아보자.

그저 흘러가는 바람처럼, 그 순간을 담백하게 받아들이면서.

자기연민의 연례행사

"내가 대체 뭘 잘못했길래 이렇게 힘든 걸까?"

가끔은 이렇게 생각할 때가 있다. 모든 게 엉망진창처럼 느껴질 때, 세상이 나에게만 가혹하다는 생각이 들 때, 나는 어느새 자기연민이라는 감정에 빠져 있었다.

겉보기엔 평범한 대학 졸업 유예생(현재는 졸업생)으로 보일지 몰라도, 나만이 아는 상처와 아픔은 깊었다. 이런 상처들이 쌓이고 쌓여 자기연민의 감정으로 번져갈 때, 나는 내 안의 무거움을 마주하곤 했다. 이런 감정, 누구나 한번쯤은 경험해봤을 것이다.

무언가 실패했거나, 일이 잘 풀리지 않는 순간, 자기연민은 내게 연례행사처럼 찾아온다. 처음엔 내가 자기연민에 빠졌다는 상황 자체를 인지하지 못한다. 그냥 마음이 무겁고 힘들다는 감정만 느끼다가, 한참 뒤에야 "아, 내가 또 나를 가여워하고 있었구나"하고 뒤늦게 알아차리는 경우가 대부분이다. 이런 반복 속에서, 나는 자기연민의 해로움을 알면서도 가끔은 나 스스로를 안쓰럽게 여겨주고 싶었다.

"나만 이렇게 힘든걸까."

"나 진짜 불쌍하다."

이런 생각들이 속에서 올라오면, 그것을 억누르려 애썼다.

"나만 힘든 게 아니야."

이렇게 스스로를 다독이며 연민을 잠재우려 했지만, 그 말만으로는 마음이 완전히 놓이지는 않았다.

그런데 요즘은 다르게 생각한다.

"힘든 건 힘든 거지. 자기연민 좀 하면 어때."

고통 앞에서 완벽하게 강인해지기를 스스로에게 기대하는 건 너무 어려운 일 아닐까? 가끔은 스스로를 가엾게 여길 수도 있다고 생각한다. 마치 부모가 아이를 토닥이듯, 나도 나 자신을 보듬어야 할 시간이 필요할지도 모른다.

사실, 자기 자신이 애틋하지 않은 사람은 없다.

세상에 사연 없는 사람이 없다지만, 나만큼 나의 사연을 고스란히 겪어온 사람은 없기 때문이다. 자기연민이라는 감정은 어쩌면, 그런 애틋함에서 비롯된 것일지도 모른다. 나 자신을 애틋하게 바라보고 상처를 어루만져주는 것도 필요한 일이 아닐까?

하지만 자기연민이란 감정은 깊은 늪과 같다.

한번 발을 들이면 빠져나오기 어려운 곳이다. 이 감정의 늪은 생각보다 깊고, 한번 들어가면 출구를 찾기 어려운 공간인 듯하다. 이 감정 속에 오래 머물다 보면, 연민은 나를 보듬는 위로가 아니라, 나를 삼키는 자기파괴로 변질될 수 있다. 그렇기에 나는 경계하는 편이다. 자기연민이 나를 삼키지 않을 정도로, 빠져나올 준비가 된 상태에서만 잠깐 머물도록 마음을 다잡곤 한다. 조금은 가여워하되, 불쌍한 녀석으로는 낙인찍지 않으며, 유연한 단단함을 잃지 않으려 하는 게 이상적이지 않을까 싶다.

나는 한때 다자이 오사무의 『인간실격』을 읽고 한동안 심취했던 적이 있다. 그 책은 내가 기억하기론 주인공이 극도의 자기혐오와 자기연민에 깊이 빠져 전개되는 작품이었다. 그런 작품에 인상이 깊었다는 건 나도 어느정도 그런 감정에 빠져 있었다는 방증일 거다. 주인공의 핵심 감정이 그때의 내 감정과 맞닿아 있었고, 그로 인해 더 깊이 빠져들었던 것 같다. 다들 알 만한 유명한 영화 평론가 이동진 님께서 이 책에 대한 코멘트를 남긴 게 기억난다.

'지금 다시 읽으면 중간중간 멈칫할 것 같다. 그래도 이 소설에 절실하게 파고드는 때가 오래 전 있었다. 위험하고도 생생한 시절이었다.'

나 또한 지금 이 책을 다시 읽는다면 중간중간 멈칫할 것 같다. 그때의 나는 몰랐다. 주인공이 깊은 어둠 속에서 헤어 나오지 못한 이유는, 자기연민이 그의 삶을 파괴의 길로 몰고 갔기 때문이라는 것을.

우리도 가끔 그의 모습에서 자신의 모습을 발견할 때가 있을 거다. 누구나 힘든 순간, 자기자신을 가엾게 여기며 그 감정에 조금씩 빠져드는 때. 하지만 중요한 건 그 감정에 '얼마나 머무느냐'다. 지나치게 오래 머문다면 자기연민은 『인간실격』의 주인공이 그러했듯, 결국 자기혐오와 고립의 늪에서 발을 빼기 어려워질 수 있다. 그러니 자기연민을 느낄 때는 이렇게 환영해보자.

"또 왔구나. 그래, 잠시 머물다 가라. 너무 오래 있진 말고."

적당한 자기연민은 나를 보듬어주고, 상처를 어루만지는 시간이 될 수 있다. 하지만 그 감정이 나를 잠식하지 않도록 스스로를 단단히 붙잡아야 한다. 우리는 자기연민에서 완전히 벗어날 수는 없겠지만, 이를 경계하면서도 때로는 자신에게 따뜻한 관심을 기울일 줄 안다면, 그것 역시 성장의 한 과정이 아닐까 싶다.

그러니, 이제는 스스로를 가여워하는 마음조차 애써 거부하지 말자. 그 감정조차도 나를 더 깊이 이해하게 하는 과정의 일부일 테니까. 중요한 건, 나를 연민하는 순간에도 그 감정을 넘어설 준비를 하는 것이다. 그 연례행사를 슬기롭게 맞이하고, 스스로에게 따듯한 위로를 건네며 앞으로 나아가길 바란다.

이 상처가 너의 사랑인줄 몰랐어

어릴 적 받은 상처가 어른이 돼서도 여전히 아프게 느껴졌던 적이 있는가? 코흘리개 시절부터 내 앞가림 스스로 해야 할 어른이 되기까지, 꽤 많은 시간이 흘렀음에도 우리는 오래된 과거에 겪었던 상처에 얽매이곤 한다. 그 상처는 특히 내가 힘든 순간을 맞이할 때마다 또다시 도지는 것 같다. 시간이라는 반창고를 상처에 붙여 잘 아물었다고 믿었는데, 막상 벗겨보니 여전히 흉터가 남아있는 걸 발견한 느낌처럼.

내게도 그런 작은 상처가 하나 있었다. 초등학교 1학년 때의 일이다. 엄마는 내게 컵스카우트 활동을 권하셨다. 하지만 내향적이고 소심했던 나는 전혀 전혀 하고 싶지 않았다. 그래서 없던 용기를 쥐어짜내서 하고 싶지 않다고 말했다. 그 말을 전했을 때의 어머니의 표정이 또렷이 기억이 난다. 약간 화가 난 듯 미간이 좁혀진 표정. 그 표정이 마치 이렇게 말해주는 것 같았다.

'언니, 오빠는 다 했는데 너는 왜 안 하니? 답답하다, 진짜.'

피해의식이라면 피해의식이었다. 그때의 기억은 깊은 상처로 남았었다. 그러다 24살 가을, 언니와 일본 여행을 가게 되었고, 대화 중 우연히 이 기억에 대해 언급할 기회가 있었다. 내 이야기를 들은 언니가 이렇게 말했다.

"컵스카우트 그거 다 돈인데, 엄마는 내가 안 하면 돈 안 쓰고 좋지. 그래도 너 생각해서 하라고 하신 거야."

그 말을 듣는 순간 망치로 뒤통수를 맞은 듯한 깨달음을 얻었다.

'그랬구나. 사랑이었구나.'

그때는 미처 몰랐다. 엄마가 나를 컵스카우트에 보내려 한 건, 어릴 때부터 내성적이고 소심했던 내가 언니, 오빠처럼 컵스카우트에 들어가 사람들과 어울리며 좋은 경험을 해보길 바랐던 마음에서 비롯된 거였다. 화가 서린 것처럼 보였던 그 표정도 사실 걱정과 애정이 섞인 표정이었다는 걸, 그제야 깨달았다. 사랑을 상처로 착각했던 순간이 얼마나 많았을까? 24살을 먹어서야 비로소 알게 됐다, 나는.

얼마 후, 엄마와 통화를 하다 이 이야기를 꺼냈다. 그러자 엄마는 언니의 말에 동감하며, 그때 당신이 안 좋은 표정을 지었던 건 감정 표현이 서툴렀던 탓일 거라 하셨다. 그리고 덧붙인 이 말씀이 여전히 기억에 남는다.

"너가 상처로 느꼈으면, 그건 상처가 맞아".

이 말을 들으며 또 한번 배웠다. 나의 어린 마음이 이해하지 못해 상처로 남았던 기억마저도 존중해주는 그 마음까지 어른스러운 사랑의 표현으로 느껴졌다. 그리고 생각했다. 어린 나에게 그 기억은 분명 상처였다. 하지만 머리가 자라고 타인의 입장에서 생각해볼 수 있게 된 지금, 그 상처는 내게 더 이상 상처가 아니었다. 사랑이었다.

어릴 적 부모님에게 받은 상처가 누구에게나 있을 것이다. 그런데 그 상처가 사실은 사랑이었다고 생각해보면 어떨까? 어렸던 그때는 다 헤아리지 못했던 진심이, 시간이 지나면서 다르게 보이기 시작한다면? 내가 그랬던 것처럼, 늦게라도 그것이 사랑이었음을 깨닫는다면, 상처로 인한 아픔만큼 훨씬 더 깊고 따뜻한 사랑이 내 마음을 채워주지 않을까?

사랑은 꼭 부드럽고 말랑말랑한 모습으로만 다가오지 않는다. 때로는 불편한 충고로, 귀찮은 간섭처럼 느껴지는 말로 다가오기도 한다. 어쩌면 우리에게 남아 있는 상처들은 그 사랑이 서툴게 표현된 흔적일지도 모른다. 이제는 그 상처를 단순히 상처로만 여기기보다, 그 안에 담긴 진심을 이해하려 노력해보는 건 어떨까? 다른 누구도 아닌 스스로를 위해서 말이다.

솔직히 우리도 사랑이라는 의도로 누군가에게 상처를 줬던 전과가 있지 않나. 이것으로부터 완전무결한 사람은 없을 거라 감히 단언할 수 있다. '나는 그런 적 없다'는 사람도 본인 입장에서는 그럴 수 있지만, 이름모를 상대가 한번이라도 당신한테 상처를 받았을지 안 받았을지는 모르는 일이다. 어릴 땐 머리가 덜 자라 뭘 몰라서, 커서는 눈치가 부족하거나 역지사지를 못해 실수를 할 때가 분명 있었을 거다. 그러니 우리는 나에게 상처를 입힌 사람들에게 너그러울 필요가 있을지도 모른다는 게 작은 내 생각이다. (법적으로 문제될 사안은 제외.)

우리가 상처라 믿었던 기억들이, 사실 누군가의 서툴렀던 사랑으로 보이기 시작하는 순간, 그건 어쩌면 우리가 진짜 어른으로 성장하고 있다는 신호일지도 모른다. 그리고 그 순간, 우리는 그 사랑을 온전히 받아들일 준비가 된 것이 아닐까?

2장.

솟아날 구멍을 찾고 있었을지도 모른다

이 장에서는 내가 존경하는 멘토님의 가르침을 바탕으로 이야기를 풀어가려 한다. 멘토님은 내가 가장 힘들었던 시기에 나를 끌어주신 분이다. 그분의 한마디, 한마디가 내게 큰 변화를 가져다주었고, 지금의 나를 만드는 데 큰 역할을 해주셨다. 이 장에서 그분께 들었던 이야기 중 내 마음을 가장 깊이 울렸던 것들을 나누려 한다. 아마 당신에게도 분명 의미 있는 울림으로 닿을 거라 믿는다.

세상에 정답은 없다지만
오답인 것만 같아

가끔은 내 인생이 오답으로 가득 찬 시험지처럼 느껴질 때가 있다. 틀린 게 너무 많아 어디서부터 바로잡아야 할지 엄두가 나지 않던 순간들. 주변 사람들의 삶은 동그라미 눈이 내리는 완벽한 시험지처럼 보이는데, 내 삶은 비스듬히 비가 내리는 시험지같이 보였다. 주변 사람들의 삶은 우등생으로, 나는 열등생인 것만 같았다. 사람들 앞에 나서면, 그들이 마치 채점관처럼 내 인생의 시험지를 들여다보고 있는 기분이 들기도 했다. "넌 틀렸어"라며 작대기 표시라도 한 것처럼. 그럴 때면 "왜 내 삶은 왜 이렇게 오답 투성이일까?"라며 좌절감에 잠긴다.

SNS 속 사람들은 죄다 왜 이렇게 나보다 더 잘 사는 것처럼 보이는 걸까? 친구들, 선배들, 심지어 후배들조차 더 나아 보일 때가 있다. 그들은 정답을 찾아가며 살고 있는 것 같은데, 난 왜 이토록 헤매고 있는 걸까? 그들의 삶과 내 삶을 나란히 보면 내가 감추고 싶은 초라한 시험지를 들킨 기분에 가끔 수치스러워질 때가 있다. 내 실수와 부족함이 들통난 것 같아 자꾸만 작아지는 느낌. 이런 기분이 들 때면, 내 삶이 오답같다는 생각은 더욱 깊어진다.

오답처럼 살기 싫어서 그들처럼 살아보려고 애써봤던 적도 있었다. 하지만 내게 맞지 않는 길을 따라가려 했던 건, 마치 뱁새가 황새 따라가면 가랑이 찢어지는 것처럼 나를 더 힘들게 했을 뿐이다. 그렇다고 제 분수를 지키며 만족할 줄을 알았느냐, 하면 그건 아니고 계속 남을 의식하며 내 삶과 비교해 정답과 오답을 가르는 작업을 멈추지 않았었다. 그렇게 남들이 정답이라고 여기는 길을 따라가려다 내 고유한 방향과 속도를 잃어버렸고, 결국 돌아온 건 더 큰 좌절이었다.

어쩌면 내가 그토록 두려워했던 건 다른 사람들의 평가가 아니라 나 스스로를 향한 가혹한 시선이었을지도 모른다. 나는 내 삶의 주인공이 아니라, 채점관처럼 내 삶을 끊임없이 평가해왔다. 남들의 기준으로 나를 재고, 그 기준에서 벗어나면 스스로를 틀렸다고 낙인 찍었다. 그렇게 내 인생을 정답과 오답으로 나눈 건 다름 아닌 나 자신이었다.

그런데 정말로 묻고 싶다.

인생에 정답이란 게 있을까?

인생이란 시험지엔 애초에 절대적인 정답과 오답이 없을지도 모른다.

각자의 방식대로 채워가는 그 과정 자체가 정답일 수 있지 않을까? 정답지고 나발이고 각자의 방식대로 채워가는 그 과정 자체가 옳은 답일 수 있지 않을까? 누군가의 기준을 맞추려 애쓰는 대신, 지금의 나를 인정하고 내 방식대로 살아가는 것이야말로 진짜 답이 아닐까 싶다.

물론 그 과정은 결코 쉽지 않을 거다. 오랫동안 붙잡고 있던 잣대를 내려놓는 건 쉽지 않은 법이니까. 하지만 남들과 비교하며 내 인생에 낙인을 찍는 걸 멈추는 순간, 비로소 내 삶의 진짜 의미를 찾아갈 수 있다. 남들과 다른 삶을 산다고 해서 그것이 오답은 아니다. 당신의 삶은 당신만의 것이고, 그 자체로 소중하다. 중요한 건 자신만의 길을 걸으며, 그 과정에서 얻은 경험과 배움으로 삶을 채워가는 것이다.

그렇다면 이제는 시험지에 굳이 작대기 표시를 그을 필요도 없다. 남들과 다르다고 해서 내 삶이 틀린 것은 아니고, 내 삶의 방식이 결코 열등한 것도 아니다. 나는 그저 나일 뿐이고, 나의 방식대로 살아갈 뿐이다. 그러니 더 이상 남들이 맞다고 정해 놓은 답을 따라가려고 애쓰지 않아도 괜찮다고 생각한다. 중요한 건 내가 생각하는 답을 적고, 자신만의 길을 걸으면서 보고 느끼고 행동한 것으로 채운 과정일 테니까.

나에게 있어 진정한 정답이란, 내 기준으로 나의 삶을 정의하고, 내가 만족할 수 있는 방향으로 나아가는 것이다. 사람들은 각자의 속도와 리듬으로 자신의 인생을 채워간다. 그러니 더 이상 남들과 비교하지 않고, 그저 나만의 답을 찾아가면 된다.

그러니 혹시 지금 내 삶이 오답으로 가득찬 것처럼 느껴진다면 한번 이렇게 물어보자.

"이게 정말 오답일까?

아니면 내가 나에게 그은 섣부른 작대기 표시가 아닐까?"

이제부터는 당신만의 답을 마음껏 써내려가자. 누가 뭐라 해도 괜찮다. 왜냐하면 이 삶이란 시험지는 오직 당신 자신의 것이니까. 삶이라는 시험지 위에 당신만의 아름다운 답을 적어가길 바란다.

날 벼랑 끝으로 몰고간 건 남이 아닌 나

살다 보면 문득 이런 생각이 들 때가 있다.

"도대체 내 인생은 왜 이렇게 힘든 걸까?"

내가 뭘 잘못했길래 이렇게 지치고 고단한지, 마치 누군가 내 삶을 하드모드로 설정해 놓은 것만 같았다. 주변 사람들은 모두 나름의 방식으로 잘 사는 것처럼 보이는데, 왜 나만 이렇게 벼랑 끝에 선 기분일까?

남들처럼 평범하고 안정적인 삶을 사는 게 왜 이렇게 어려울까. 스스로가 삶에 실패한 사람처럼 느껴질 때면, 뭔가 잘못된 것 같은데도 정작 뭐가 문제인지 알 수 없는 답답함에 숨이 막혔다.

그럴 때마다 나는 남 탓, 상황 탓, 세상 탓을 하곤 했다. 이렇게 하면 한순간은 편했다. 내 잘못이 아니라고 스스로를 위로하는 그 순간만큼은 마음의 짐을 내려놓을 수 있었으니까. 하지만 찝찝함은 남았다. 한편으로는 알고 있었기 때문이다. 날 벼랑 끝으로 몰고 간 건 남이 아니라 바로 '나 자신'이었다는 걸.

처음엔 이 사실을 인정하는 게 쉽지 않았다. 외부의 무언가가 아니라, 내가 내 삶의 문제를 만들고, 내 고통을 더 키웠다는 걸 받아들이기까지 오랜 시간이 걸렸다. 하지만 돌이켜보면, 내가 나 자신을 벼랑 끝으로 몰아붙였던 적은 너무나도 많았다. 나는 남들이 준 상처를 품고 놓지 않았고, 그 상처를 핑계 삼아 더 깊은 늪으로 나를 빠뜨렸다. 남들이 나에게 던진 사소한 말이나 행동 하나하나에 매달려 분노와 원망, 슬픔을 되새기며 나를 갉아먹었다. 상처는 시간이 지나면 옅어지기 마련인데, 나는 그 상처를 억지로 수시로 꺼내 곱씹으며 더 짙게 만들었다. 그렇게 날카롭게 벼린 고통 속에서 스스로를 아프게 만들었던 거다.

살다 보면, 우리에게 상처를 주는 사람들은 분명히 있다. 하지만 그 상처를 계속 품고 있을지 놓아 버릴지는 나의 선택이었다. 나는 왜 그 아픔을 온몸으로 붙잡고 놓지 못했을까? 그 이유는 간단했다. 그 상처를 놓아버리면, 내가 더 이상 누구의 탓도 할 수 없게 되기 때문이다. 상처를 붙들고 있는 한, 내 고통의 책임을 남에게 돌릴 수 있었다. 하지만 그 원망이 나를 얼마나 피폐하게 만들었는지, 그 감정을 계속 품고 있는 동안 내가 진정으로 치유될 기회를 얼마나 놓쳤는지를 뒤늦게서야 깨달았다.

나는 이런 생각이 든다. 진정한 해방은 내가 그 고통을 놓아주는 순간부터 시작된다는 것을. 고통은 나를 성장시키는 자양분이 될 수도 있지만, 끊임없이 나를 몰아치는 채찍이 될 수 있다. 그 둘의 차이는 결국 내가 그것을 어떻게 받아들이느냐에 달려 있다. 하지만 나는 그동안 이 사실을 외면해왔던 것 같다. 내가 내 삶의 주인이라는 사실을 잊고, 스스로를 피해자의 자리에 두며 남 탓을 하고 있었던 거다.

한때는 세상을 원망하며 누군가가 내 구원이 되어주길 바랐지만, 이제는 안다. 나를 구원할 수 있는 사람은 오직 나 자신뿐이란 걸. 나를 벼랑 끝에서 꺼내줄 사람은 결국 나 자신이다. 세상은 그대로고, 상황은 늘 제멋대로이고, 다른 사람은 잘 변하지 않을 거다. 그 모든 것을 바꾸려 애쓰는 대신, 내가 나를 대하는 태도를 바꿔야 한다는 걸 알게 됐다. 스스로 벼랑 끝에 있었다면, 그 자리에서 한 발짝 뒤로 물러나는 것도, 새로운 방향으로 나아가는 것도 결국 내 선택이다.

만약 당신도 벼랑 끝에 몰려 있다고 느낀다면, 스스로에게 이렇게 물어보자. "이 벼랑 끝으로 나를 몰고 간 게 정말 외부의 무언가였을까? 아니면 나 자신이었을까?" 그리고 더 중요한 질문은 이것이다. "여기서 벗어나려면, 내가 무엇을 해야 할까?" 이 질문에 답하기 위해 필요한 건 거창한 계획이나 큰 용기가 아니다. 그저 지금의 자리에서 한 걸음을 떼는 것, 그 작은 변화가 벼랑 끝을 새로운 시작으로 바꿀 수 있을 테니까.

이게 무슨 소용이 있어? 있다!

살면서 이런 생각 해 본 적 있나?

"이게 무슨 소용이 있겠어."

특히 힘든 상황을 마주했을 때, 뭐든 시작조차 버겁게 느껴질 때, 이 말은 꼭 불쑥 떠오른다. 책을 펴도 첫 장부터 글자는 눈에 잘 들어오지 않고, 친구가 추천해준 영화는 재생 버튼을 누른 지 얼마 지나지 않아 집중이 흐려진다. 이런 순간마다 나는 이 말을 자주 되뇌었다.

"그래서 이게 무슨 소용이 있겠어."

사람들은 누군가 힘들어 할 때 이런 흔한 조언을 던진다.

"운동을 해 봐", "책을 읽어 봐."

하나같이 모두 좋은 말이다.

하지만 정말 힘들어본 사람이라면 안다.

운동은커녕 침대에서 일어나는 것조차 힘든 날이 있다는 걸.

아무것도 손에 잡히지 않는 날이 있다는 걸.

뭔가를 한다는 게 얼마나 품이 많이 드는지, 그 시작조차 얼마나 어렵게 느껴지는지. 그렇게 느껴지는 날이 분명 있다.

한때 달리기를 즐겨하던 시절이 있었다. 땀을 흘리며 뛰다 보면 머릿속에 있던 잡생각이 땀으로 배출되는 듯했고, 머리가 맑아지는 느낌이 들어 좋았다. 그런데 우울함이 극에 달했던 어느 날, 달리기를 하러 나섰을 땐 달랐다. 뛰면서도 부정적인 생각이 쉴 새 없이 밀려왔다. 심지어는 뛰면서도 극단적인 생각이 따라붙었다. 예전엔 나를 자유롭게 해줬던, 소용이 있던 일이 그날만큼은 아무런 소용이 없었다.

그렇다면 진짜 아무것도 소용이 없는 걸까?

어느 날, 집 안에만 틀어박혀 있던 내가 잠깐이라도 바깥공기를 쐬자고 산책을 나간 적이 있었다. 걷다 보니 낮은 가을 햇살이 얼굴을 스쳤다. 그 따뜻함에 잠시 멈춰 서서 눈을 감고 가만히 서서 햇빛을 느꼈다. 잠깐이지만 그 순간, 마음이 한결 가벼워지는 기분이었다. 복잡했던 생각이 잠시 멈춰지고, 문득 '행복하다'는 감정이 스며들었다.

고작 산책이었다. 뭘 대단한 걸 바라고 나간 건 아니었지만, 그 작은 순간이 나를 붙잡았다. 이상하게도, 햇빛을 쬐던 그 작은 순간만큼은 괜찮아졌다. 물론 그 순간이 내 우울감과 모든 문제를 완전히 해결해 줄 리는 없었다. 하지만 중요한 건, **그 순간만큼은 소용이 있었다**

는 사실이다.

우리가 삶에서 하는 많은 행동들은 사실 늘 그리 거창하지 않다.

운동을 하루 했다고 해서 몸과 마음이 한순간에 튼튼해지진 않는다.

책 한 장 읽는다고 해서 당장 인생이 바뀌지도 않는다.

하지만 그 작은 일들이 지금의 나를 조금 더 견딜 만하게 만들어준다면, 그것만으로도 충분하지 않을까?

사람들은 자꾸 완벽한 해결책을 찾으려 한다. 무언가를 시작하기도 전에 "이게 정말 효과가 있을까?", "나를 바꿀 수 있을까?"하고 따져보곤 한다. 그리고 "막상 했는데 효과가 없으면 어쩌지?"라며 지레 의심을 하고 행동을 미루기도 한다. (내가 다 해 봐서 아는 거다.)

그런데 완벽한 해결책이라는 게 세상에 얼마나 있을까? 사실 대다수의 문제는 대단한 해결책이 아니라, 어쩌면 작은 실행으로부터 풀릴 수 있다. 지금 이 순간을 조금 덜 버겁게 만들어주는 사소한 순간들이 우리를 앞으로 나아가게 한다. "이게 무슨 소용이 있어"라는 회의감이 들 때, 이렇게 한번 생각해보면 어떨까?

"이게 무슨 소용이 있다."

한때는 나도 모든 게 소용없다고 느낀 적이 있었다. 모든 것이 무의미하고, 희망조차 전무한 것 같았다. 그런데 지나고 보니 알겠더라. 그때 나를 버티게 해줬던 건 거창한 방법이 아니었다. 그냥 유난히 따뜻했던 어느 날의 햇살, 우연히 본 웃긴 영상, 친구에게서 온 연락 한 통. 그 작은 순간들이 모여서 나를 지금까지 나아올 수 있게 해줬다.

그러니 지금 뭘 해낼 힘이 없더라도, 아주 작은 일부터 시작해보는 건 어떨까? 당장은 별로 도움이 안 될 것 같더라도 속는 셈 치고 해보는 거다. 그게 책 한 페이지라도 넘겨보는 일이든, 집근처에 산책을 가보는 일이든 이렇게 아주 작고 쉬운 일부터.

진짜 다 됐고 '난 진짜 뭘 할 힘이 없다' 그러면, 방 안에 창문이라도 열어보자. 그리고 비스듬한 햇빛을 잠깐 쬐어보자. 그 작은 순간이 당신에게 소용이 있을지는 모르는 일이다. 당신의 삶의 틈새를 비집고 들어가 당신을 따뜻하게 감쌀 희망이 될지 누가 알겠는가? 중요한 건 그 순간만큼은 소용이 있을지도 모른다는 가능성을 믿는 것이다.

이게 무슨 소용이 있을까?

그 질문의 답은 언젠가 당신이 직접 써 내려갈 것이다. 그리고 아주 작은 순간들이 한데 모여 당신이 바라는 곳으로 데려다 줄 날이 올 것이다.

일을 벌여 놓길 잘했다

대학생 때 나는 나름대로 갓생을 살겠다며 거창한 계획을 세우곤 했다. 아침에 일찍 일어나서 운동도 하고, 강의도 빠짐없이 듣고, 자격증 공부에, 자기 전엔 책 한 권 읽으며 하루를 마무리하는 완벽한 계획. 놀랍게도 나는 이 계획을 항상 척척 완수해내곤 했다, 라고 말하면 좋겠지만 계획은 계획인지라 역시 이루지 못한 적이 태반이었다. 이렇게 거창하게 일을 벌여놓고도 실천하지 못하는 날에는 꼭 이런 생각이 들었다.

"역시 나는 작심삼일도 안 되는 인간이야."

자기불신은 의욕을 갉아먹었고, 나는 한동안 스스로를 실패자로 규정지었다. 그러다 문득 이런 생각이 떠올랐다.

"그렇다면 아예 아무것도 하지 않는 삶이 더 나았을까?"

이 물음에 지금의 나는 분명히 답할 수 있다.

"아니다. 그건 결코 더 나은 삶이 아니다."

24살 봄, 나는 새로운 것들을 시도하며 바쁘게 살았다. 커리어 컨설팅을 받으며 진로 고민을 풀어갔고, 여름에는 포토샵과 일러스트를 배우기 위해 컴퓨터 학원에도 다녔다. 일을 벌리며 한창 바쁘게 지냈었다. 그 중 몇 가지는 성공적으로 해냈지만, 대부분은 중간에 멈추거나 완벽히 끝내지 못했다. 학원 수업을 빠지거나, 상담 일정도 몇 번이나 미루며 스스로에게 실망할 일을 계속 만들곤 했다. 당시에 인턴도 병행하느라 체력도 고갈되고 멘탈도 무너져서 모든 일을 완벽하게 소화해내지 못했던 건 무리도 아니었다. 하지만 그때는 이런 현실을 자책의 원료로 삼아 스스로를 비난하기 바빴다.

그때는 뭐든 실패의 연속처럼 느껴졌다. "왜 나는 이 모양일까"라는 생각이 머릿속을 떠나지 않았다. 하지만 지금 돌이켜보니, 그때 내가 했던 시도들은 실패가 아니었다. 오히려 그 시도들 덕분에 나 자신을 조금 더 이해하게 됐다. 내 한계를 알고, 나에게 맞지 않는 것들을 알게 됐고, 무엇보다도 내가 변화해야겠다는 다짐을 할 수 있었다.

물론, 손해 본 것도 많았다. 아침에 일찍 일어나보겠답시고 조조영화를 예매해놓고 늦잠을 자서 날린 티켓 값, 환급 조건을 충족하지 못해 받지 못한 강의료, 다 듣지 못해 결석 일수만큼 날려버린 강의료. 돈도 돈이지만 제일 큰 손실은 멘탈이 무너졌다는 게 제일 큰 손실이었다. 그러나 손해만 있었던 건 아니었다. 새로운 경험 속에서 얻은 배움과 깨달음은 잃은 값어치를 넘어서고도 남았다.

결국, 나는 이렇게 말하고 싶다.

"일을 벌려놓길 잘했다"고.

완벽하지 않았고, 중간에 멈췄던 일도 많았지만, 그 모든 과정에서 나는 조금씩 더 성장할 수 있었다. 잃었던 돈과 시간은 다시 돌아오지 않지만, 그 과정에서 얻은 것들이 분명 있었다. 어쩌면 당신도 마찬가지다. 지금 하고 있는 일이 잘 풀리지 않거나, 실패로 느껴진다고 해도 그것이 전부는 아니다. 어떤 시도도 결국에는 당신에게 의미 있는 흔적을 남길 것이다. 아무것도 하지 않고 가만히 있으면 안전할 수는 있겠지만, 얻을 것도 없다는 걸 기억하자.

내가 이런 깨달음을 얻을 수 있었던 건, 실패로 끝났다고 생각했던 시도 덕분이었고, 그 시도를 부정하지 말라는 멘토님의 말씀 덕분이었다. 나를 성장시키는 데 가장 큰 역할을 했던 건 멘토의 존재였다. 나의 멘토님은 늘 실패를 두려워하지 말고, 그 속에서 배움을 찾으라고 말하셨다. 그 말들이 지금도 내 삶의 이정표가 되고 있다. 당신에게도 멘토가 있다면, 실패에 대한 두려움을 줄이고 더 나은 방향으로 나아가는 데 큰 도움이 될 것이다. 만약 아직 없다면, 꼭 찾아보라고 권하고 싶다. 주변에 없다면 돈을 투자해서라도 멘토를 찾아라. 그것만큼 인풋 대비 아웃풋이 가장 좋은 투자는 없다고 생각한다.

당신이 일을 벌이고, 실패하고, 다시 도전하면서 스스로의 길을 찾아가길 바란다. 언젠가 당신도 "일을 벌여 놓길 정말 잘했다"는 말을 할 날이 분명 찾아올 것이다. 그때는 지금의 작은 시도가 얼마나 큰 변화를 만들어냈는지 깨닫게 될 거다.

그러니, 주저하지 말고 시작해보자.

당신이 나아가는 길을 진심으로 응원한다.

저능한 게 아니라 게으른 거지

"혹시 나, 경계성지능장애인가?"

인턴 생활을 하던 어느 날, 이런 생각이 진지하게 들었다. 화장실 한번 갈 때 빼고는 거의 쉬지도 않고 앉아서 일하느라 투입한 시간은 많았지만, 진도는 늘 더뎠고, 겨우 완성한 작업물조차 퀄리티가 늘 부족해보였다. "나 ADHD인가?"라는 의심도 몇 번이고 맴돌았다. 퇴근 후, 스스로 부족한 부분을 메꾸기 위해 콘텐츠 제작 연습을 해보기도 했지만, 크게 나아지진 않았다. 애쓸수록 좌절감만 커져갔고, 결국엔 내가 태생적으로 *부족한 사람이 아닐까* 하는 결론에 빠져들었다. 어렸을 때부터 뭘 배우든 느렸던 기억도 떠올랐다. "그래, 나 원래 이런 사람이었잖아. 그렇다면 내가 지능이 낮아서 그런 게 맞을지도 몰라." 그렇게 나 자신을 규정하며 점점 움츠러들었다.

멘토님께 이 고민을 털어놓았을 때 돌아온 대답은 간결했다.

"지능이 낮은 게 아니라, 게으른 거지."

그 말은 나를 크게 한 방 먹였다. 그렇게 생각하는 건 비겁한 거라며, 하다하다 지능탓까지 하냐는 말씀을 덧붙여 하셨다. 그 순간 기분이 어땠냐고? 한 마디로 양가감정이 들었다. "정말 내가 지능이 낮은 게 아닐지도 몰라"라는 생각에 안도감이 밀려오면서도, 한편으로는 "노력하라는 뜻이겠지?" 싶어 막막함이 몰려왔다. 지금 생각하면 "노력, 그까이꺼 하면 되지"라고 생각하지만, 돌이켜 보면 그때 왜 그렇게 막막했는지 알 것도 같다. 내 깊은 마음 속엔 "노력해도 결국 안 될 거야"라는 패배의식이 자리 잡고 있었기 때문이다.

멘토님의 말씀을 곱씹어 보니 그 말은 진실이었다.

나는 게으른 사람이었다.

솔직히 노력하지 않았던 건 아니다. 하지만 '제대로' 된 노력은 아니었다. 적당히 하다가 빠르게 지쳐버리고, 금세 좌절하곤 했다. 그러면서도 남들에겐 "나 정말 최선을 다했어"라고 말할 핑계를 만들어냈다. 하지만 그건 최선이 아니었다. 노력의 양도 부족했고, 질도 떨어졌다. 나는 '노력 부족'이라는 진실을 마주하기보다는, "내가 타고나기를 이랬으니 어쩔 수 없잖아" 라며 현실을 회피했던 거다. 노력 탓 대신 지능 탓을 했던 건, 어쩌면 그게 더 쉬워서 그랬던 것 같다. 노력이 부족한 걸 인정하는 것보다, 나에게 타고난 문제가 있다고 믿는 게 마음이 편했으니까. 행동하질 않으니 몸도 편하고.

이어진 멘토님의 한 마디는 나를 각성하게 만들었다.

"남들보다 느려? 느려도 괜찮으니 일단 해! 100번을 해도 안 돼? 그럼 101번을 해! 101번 해도 안 돼? 그럼 102번을 해! 몇 번이고 계속해!"

그 말에 비로소 핑계를 내려놓기로 했다. 내 문제는 지능이 아니라, 나 자신을 믿지 못하고 꾸준히 노력하지 않았던 태도에 있었다. 그때부터 조금씩 달라지기 시작했다. 느리지만 멈추지 않고, 부족하지만 채워가기로 마음먹었다. 내게 필요한 건 높은 지능이 아니라 꾸준한 노력이었음을 알게 됐다.

그런데 문득 한 가지 깨달음이 찾아왔다. 그건 바로 기분과 지능은 비례하는 것 같다는 것. 나만 이런 생각을 해봤는지 모르겠다. 나의 지능은 내 기분에 따라 달라지는 것처럼 느껴졌다. 아니, 정확히는 기분보다는 멘탈에 더 가까운 것 같다. 우울했던 시기에 나는 진짜로 '바보가 된 것 같은' 느낌이 들었다. 판단력, 순발력, 문제 해결력 모든 게 둔해졌다. 우울하면 지능이 돌고래 수준으로 내려가기도 한다는 말을 처음 들었을 땐, 오바 아닌가 싶었지만 직접 겪어보니 충분히 그럴 수 있겠다는 생각이 들 정도였다. 반면에 멘탈이 안정적일 땐, 새로운 일을 이해하고 처리하는 속도도 빨라지고, 농담도 알맞은 타이밍에 맞춰 하고, 적절한 리액션도 빠르게 나왔다. 이 경험은 나를 더 이해하게 만들어줬다. 나는 저능아도 아니고, 그렇다고 천재도 아니다. 다만, 멘탈이 안정적일 땐 더 잘할 수 있는 평범한 사람일 뿐이었다.

결론적으로 나는 내가 완벽하지 않은, 보통의 사람이라는 걸 받아들이게 됐다. 그리고 그게 괜찮다는 사실도 알게 됐다. 똑똑하지 않아도, 느려도, 중요한 건 내가 멈추지 않는다는 것이다. 내가 스스로에게 던졌던 핑계들은 결국 현실을 마주하기 두려워 만들어낸 변명이었다. 하지만 이제는 안다. 머리 탓이 아니라 마음가짐이 문제였다는 걸.

당신도 혹시 비슷한 고민을 하고 있다면, 자신을 너무 몰아붙이진 말고 천천히 나아가 보라고 권하고 싶다. 우리는 완벽하지 않지만, 느리게라도 계속 나아갈 수 있다. 중요한 건 속도가 아니라 방향이니까. 어쩌면 당신도 내 멘토님의 말처럼, 느려도 101번, 102번 해보는 꾸준한 노력을 통해 당신이 원하던 결과에 가까워질 수 있을 것이다. 그리고 어떤 핑계도 마음에 담지 말고 그저 묵묵히 시도해보고, 그 시도를 이어가는 노력을 해보자. 중요한 건, 느리더라도 멈추지 않는 것일 테니까.

나는 믿는다. 지금까지 이 글을 읽은 당신이라면, 이미 해낼 준비가 충분히 되어 있으리라고. 좀 느리더라도, 부족하더라도 당신은 충분히 해낼 수 있을 거다.

끝이 아니라 과정이라면?

"나는 끝났어."

살면서 이 말을 몇 번이나 반복했는지 모르겠다. 시험을 망쳤을 때, 좋아하던 친구와 다투었을 때, 무엇 하나 제대로 풀리지 않을 때마다 나는 내 삶에 이런 판정을 내렸다. 마치 지금 내 앞에 닥친 고난이 내 인생의 마지막 장면이라도 되는 것처럼.

그렇게 스스로를 끝이라 단정지으며, 나는 더 이상 나아질 수 없을 거라고 믿곤 했다. 그런데 이상하지 않은가? 정말 그게 끝이었다면, 지금 이 글을 쓰고 있는 나는 어떻게 설명할 수 있을까? 내가 여전히 살아가고 있다는 사실이야말로, 그 끝이라 여겼던 순간들이 사실 끝이 아니었음을 증명하고 있지 않은가.

나는 참 쉽게 '끝'이라 단정 짓는 버릇이 있었다. 첫 인턴을 대차게 말아먹었을 때도 그랬다. 회식 자리에서의 말 실수의 여파는 걷잡을 수 없이 커졌고, 말 실수를 주워 담으려 수습하려고 할수록 상황은 더 나빠졌다. 끝내 스스로를 이렇게 몰아붙였다.

"그래, 이 회사에서 난 끝났어. 사람들은 날 싫어할 거고, 나는 계속 밉보일 거고, 나는 이제 더 이상 여기에 다닐 수 없을 거야. 난 끝이야."

멘토님께 이 이야기를 털어놓았을 때, 돌아온 대답은 간결했지만 강렬했다.

"지금 너가 넘어진 그 자리를 너는 끝이라 부르고 있는데, 사실 그건 과정일 뿐이야. 넘어졌어? 그러면 그냥 툭툭 털고 일어나면 그 뿐이야. 그런데 네가 지금 스스로 끝이라고 못 박아버리니까 그게 너를 더 아프게 하는 거야."

순간 머리를 한 대 얻어맞는 것 같았다. 내 삶을 되돌아보니 멘토님의 말씀은 정확했다. 나는 모든 실패를 최종 결과로 착각하고 있었다. 그 착각 속에서 스스로를 실패자로 낙인 찍으며 고통을 키웠다. 시험 하나 망쳤다고 내 미래가 사라지는 것도 아닌데, 인간관계에서 갈등 하나 생겼다고 모든 관계가 끊어지는 것도 아닌데, 나는 매번 그걸 '끝'이라고 여기며 삶에 종지부를 찍곤 했다.

"끝이라고? 아니, 이건 그냥 '과정'일 뿐이야.

과정이라면, 넘어질 수도 있고, 실수할 수도 있는 거지."

멘토님의 말은 단순하지만 깊은 깨달음을 주었다.

멘토님께서는 나에게 이런 말씀도 해주셨다.

"너 살면서 10번은 넘어졌니? 지금 네 인생 속에 10번도 안 넘어졌을지 모르는데, 그걸로 실패자라고 하면 말이 되겠니? 나는 1만 번은 더 넘어진 사람이야. 1만 번은 더 넘어져야 20대가 채워지는데, 고작 10번도 안 넘어진 너를 실패자로 낙인 찍기에는 너한테 기회를 10번도 안 준 거 아니니? 그건 너무 가혹한 거 아니야?"

그 순간 깨달았다. 내가 힘들었던 경험들, 그 모든 실수와 실패는 단지 내 인생에서 1만 번의 과정 중 한 번일 뿐이었다. 하지만 나는 그 과정 중 하나를 특별한 불행처럼 여기고, 스스로를 가둬버린 거였다.

사실 인생이란, 끊임없는 과정의 연속이다. 우리는 자주 실패했던 자리를 도착지로 착각한다. 첫 번째 도전에서 성공하지 못하면 마치 인생 전체가 실패인 것처럼 여기고, 자신에게 실망한다. 하지만 생각해보자. 우리는 누구나 처음에는 서툴고 부족할 수밖에 없다. 그게 자연스럽고 당연한 일이다.

"누가 처음부터 완벽하게 잘해? 처음부터 완벽하면 그놈 자식은 처음인 척하고 들어온 영악한 스파이야. 첫 번째 도전은 그냥 과정일 뿐이야. 두 번째, 세 번째 도전을 통해 더 나아지면 되는 거야. 실패는 배움을 주고, 과정은 기회를 주는 거라고."

멘토님의 말씀은 나를 다시 움직이게 했다. 실패한 경험 하나가 내 삶의 전부를 정의할 수 없다는 사실을 깨달으니, 나는 나 자신에게 조금 더 관대해질 수 있었다.

지금의 내가 말하고 싶은 건 이거다. 실패는 끝이 아니다. 그저 과정일 뿐이다. 오늘의 실패는 내일의 배움이 될 수도 있고, 다음 도전의 밑거름이 될 수도 있다. 그러니 스스로를 가혹하게 대하지 말자. 우리는 아직 가야 할 길이 멀고, 그 과정에서 수많은 기회가 기다리고 있으니까.

넘어진 곳을 도착지로 착각하지 말고, 그저 다시 일어나 걸음을 내딛자. 인생은 결국 끝이 아니라, 과정의 연속이니까. 그리고 20대라면, 아직 1만 번도 넘어지지 않았을 나이니까 더 많이 도전하고 더 많이 실패해도 괜찮다. 우리 인생의 끝은 아직 멀었으니까. 그러니 당신은 스스로를 다독이며 이렇게 말해주길 바란다.

"난 아직 안 끝났어. 이건 그냥 **과정**일 뿐이니까."

항상 모든 순간엔 의미가 있었다

나이를 먹어가며 대학생, 그리고 사회 초년생이 되기까지 우리는 수많은 도전과 실패, 혹은 성공을 했을 거다. 그런데 그 과정 속에서 내가 노력한 일이 원하는 결과를 내지 못했을 때, 그 허탈감은 말로 표현하기 어렵다. 시험 준비를 열심히 했지만 성적이 형편없었을 때, 사람들과 잘 지내보려 애썼지만 관계가 어긋났을 때, 밤낮없이 일했는데 결과가 미미할 때 우리는 쉽게 좌절한다. *"아, 괜히 했나? 그냥 안 했다면 나았을까?"* 하는 후회와 함께.

그런데 그 모든 순간이 정말 아무 의미도 없었던 걸까?

이전 장에서 실패를 끝이 아닌 과정으로 받아들이자는 이야기를 했다면, 이번엔 조금 더 나아가고 싶다. 우리가 겪었던 모든 순간, 심지어 작고 사소한 순간들까지도 사실은 '모두 의미가 있다'는 이야기를.

어느 날 멘토님께서 내게 이렇게 말씀하신 적이 있다.

"너가 아무것도 안 했으면 최악의 경험도 안 겪었을 거야. 그런데 그게 맞는 선택이었을까? 결국 네가 뭔가를 해봤기 때문에 그 경험을 했고, 그 경험 덕분에 배운 게 있었잖아. 안 했으면 아무것도 없었을 거야."

그 말을 듣고 깨달았다. 나는 뭔가를 시도했기에 넘어졌고, 그 과정에서 나를 더 깊이 이해하게 됐다. 내 약점과 취약한 부분을 알게 되었고, 그것은 가만히 있었다면 절대 얻을 수 없었던 깨달음이었다. 실패가 죽을 만큼 괴롭긴 했지만, 아무것도 하지 않는 공허함보다는 훨씬 값진 것이었다.

많은 사람들이 이렇게 말한다.

"20대에는 실패해도 괜찮아. 그러니까 많이 도전해"

하지만 정작 실패를 겪는 당사자 입장에선 이 말이 잘 와닿지 않을 때가 많다. 실패가 내 미래를 망치는 건 아닐까? 더 큰 실패로 이어지면 어떡하지? 이런 불안이 앞서는 건 당연하다. 하지만 한 가지는 확실하다. 【실패가 공백보다 훨씬 나은 결과를 남긴다】는 사실이다.

잘 되면 좋은 거고, 못 되더라도 배우는 게 있다. 그런 의미에서 20대는 도전하기에 가장 좋은 시기다. 아직 책임져야 할 것들이 적고, 넘어져도 다시 일어날 기회가 많기 때문이다. 나도 지금 되돌아보면,

20대 초반에 실패를 경험한 것이 다행이라 느낀다.

첫 인턴에서 나는 완전히 무너졌다. 잠시, 또 인턴 얘기냐, 싶을 정도로 질리게 하고 있는 것 같지만 어쩔 수 없이 또 해보려 한다. 난 이 경험으로 인해 번데기에서 탈피해 성충이 된 셈이라 아무래도 반복할 수밖에 없는 듯하다. 아무튼 나는 인턴을 하고 퇴사를 하기까지 내가 했던 실수들을 곱씹으며 후회했다. 대차게 실수했고, 회복하기까지 시간이 좀 꽤 걸렸다. 그런데 돌이켜보니 그 실패는 나를 더 단단하게 만들어주었다. 30대가 되어 그런 경험을 했다면 더 큰 충격으로 다가왔을 거고 회복하는 시간도 비교적 더뎠을 것이다. 내가 겪었던 실패는 '어차피 언젠가 겪어야 할 일'이었기에 미리 경험한 게 얼마나 다행스러운지 모른다.

멘토님은 이런 말씀도 해주셨다.

"너가 어떤 상황에서 어떤 점에 취약한지 알게 된 게 얼마나 큰 일인지 알아? 그걸 알아야 네가 앞으로 뭘 조심해야 할지, 어떤 점을 개선해야 할지 보일 거 아니야. 근데 이런 건 겪어보지 않으면 절대 알 수 없는 거야."

맞다. 내가 어떤 사람인지, 어떤 상황에 무너지는지, 어떤 인간관계가 힘든지. 이런 것들은 가만히 앉아서 알 수 있는 게 아니었다. 오직 직접 부딪치고 실패를 겪어야만 알 수 있는 것들이었다. 그리고 지금은 그게 큰 자산이 되었다.

이제는 실패를 넘어, 모든 순간에 의미가 있다고 믿는다. 단지 그 의미를 그 순간에는 깨닫지 못할 뿐이다. 우리가 했던 모든 선택과 행동들은 나중에 돌아보면 반드시 어떤 형태로든 남아 있다. 알바에서 배웠던 협업의 기술, 실패한 시험 준비 과정에서 알게 된 내 학습 스타일, 아무 의미 없어 보였던 책 한 페이지의 내용까지도 시간이 지나면 모두 연결이 된다.

나는 이제야 알았다. 내가 과거에 했던 사소한 노력과 실수들. 심지어 아무 생각 없이 흘려보낸 날들조차도 결국 내 삶을 이루는 중요한 조각들이 되어 주고 있다는 걸.

그래서 이렇게 말하고 싶다.

"지금의 당신이 경험하는 모든 순간은,

비록 의미 없어 보일지라도 분명히 의미가 있다.

그리고 그 의미는 나중에 반드시 떠오르게 될 것이다."

물론 지금 당장 하는 모든 일이 다 의미 있어 보이진 않을 수 있다. 나도 그랬다. '이게 무슨 소용이 있을까'라고 의심했던 것처럼 '이게 무슨 의미가 있다는 거야'하고 짜증이 날 수도 있다. 그런데 시간이 지나면 알게 될 것이다. 지금 알바를 하든, 수업을 듣든, 인간관계를 만들어가든, 당신이 하고 있는 모든 시도들은 결코 헛되지 않다는 걸. 그 순간들의 의미는 나중에 당신을 더 나은 당신으로 만들어줄 것이다.

마지막으로 멘토님께 들었던 말씀을 인용하며 글을 마무리하고 싶다.
"넘어지는 순간조차도 의미 없는 일은 없어.
넘어졌다는 건 뭔가를 배우고 있다는 증거니까."
그러니 너무 오래 후회하지 말고, 지금 하고 있는 모든 것들을 조금 더 믿어보자. 당신이 겪고 있는 모든 순간엔, 반드시 의미가 있으니까.

그게 뭐 어떤데

얼마 전, 내 일기장을 우연히 펼쳤다. 처음엔 그땐 무슨 생각을 하며 살았을까 싶어 가볍게 넘겨보려 했는데, 몇 줄 읽다가 충격을 받았다. 2년 전의 내가 지금과 똑같은 고민을 하고 있었던 거다.

"나는 왜 똑같은 문제로 똑같이 힘들어하고 있지?"

변하지 않은 나 자신이 한심하게 느껴졌다. 똑같은 실수, 똑같은 패턴을 반복하며 발전하지 못한 것 같았다. 자책감에 휩싸여 멘토님께 고민을 털어놓았다. 멘토님은 내 말이 끝나기도 전에 딱 한 마디를 하셨다.

"그게 뭐."

네? 나도 모르게 되물었다.

"그게 뭐가 어떤데. 그게 그렇게 큰 일이야?"

그 말에 어안이 벙벙했다. 똑같은 문제로 고민하고, 제자리걸음인 내가 별 일 아니라니. 그게 정말 그렇게 대수롭지 않은 일일까?

멘토님은 덧붙여 말했다.

"완벽한 사람이 어딨니? 너도 원래 완벽하지 않았잖아. 그런데 뭘 그리 스스로를 몰아붙이냐."

그 말을 듣고 나는 깨달았다.

'그래, 내가 언제부터 완벽했다고.'

돌아보면, 나는 늘 부족했다. 늘 실수를 했고, 어설펐다. 그런데 그 부족한 채로 지금까지 나름 잘 살아오지 않았는가? 완벽하지 못했던, 문제투성이 같던 나도 웃고 울며 하루하루를 버텨왔다. 그럼 그때의 나와 지금의 내가 무엇이 다르단 말인가?

혹시 당신도 과거의 '나'를 떠올리며 "나는 왜 아직도 그대로일까"라며 한숨 쉬고 있지는 않은가?

그런데 말이다. *그게 뭐 어떤데.*

우리는 너무 자주 스스로를 탓한다. 실수를 반복한다고, 남들보다 뒤처지는 것 같다고, 전보다 한 발짝도 나아가지 못했다고. 하지만 한번 생각해보자. 우리가 언제부터 완벽했다고 지금의 부족함을 탓할 자격이 있을까?

나아지고 싶다면, 더 잘하고 싶다면 그걸 위해 노력하면 그만이다. 하지만 자책이 그 출발선이 될 필요는 없다. 자책 없이도 우리는 충분히 더 나아질 수 있다. 그리고 설령 변하지 않더라도, 그대로 머무른다고 해도 그건 비난받을 일이 아니다.

결론은 간단하다.

【불완전한 채로 살자.】

그동안 우리는 쭉 그래왔으니까. 똑같은 실수를 반복해도, 똑같은 고민을 안고 있어도 괜찮다. 그게 인간이다. 조금 부족해도, 조금 느려도 괜찮다. 어차피 우리는 그런 존재다. 그러니 그대로인 나를 조금 더 따듯하게 받아들이자.

그대로인 내가 서글프게 느껴질 때가 있다면 이렇게 말해보자.

"그래서 뭐? 뭐 어떤데. 내가 언제부터 완벽했다고."

생각해보면, '뭐 어떤데'라는 말은 범용성이 좋은 말 같다. 부족한 내가 부끄러워질 때, 변하지 않는 내가 못나게 느껴질 때, 이 한 마디가 나를 지켜준다. 물론 이 외에도 많다.

"부족하면 뭐 어떤데. 언제부터 완벽했다고.
세상에 부족한 사람 천지 삐까린데 뭐."

"남들보다 느리면 뭐 어떤데.
멈추지만 않으면 결국 앞으로 나아가는 건 똑같은데."

"상처 받으면 뭐 어떤데. 어차피 살면서 상처는 피할 수 없는 건데. 아무리 상처가 아파도 그 순간의 고통처럼 생생하게 지속되지도 않잖아."

"사랑 좀 못 받으면 뭐 어떤데. 가치 없는 사람으로 느껴질까봐? 가치 좀 없으면 뭐 어떤데. 나를 싫어할 거 같아서? 미움 좀 받으면 뭐 어떤데. 어차피 모두가 날 좋아할 수는 없는 거 알잖아."

"뭐 어떤데"는 〈보통의 삶을 무시하는 한국 사회〉라는 영상을 찍으신 유튜버 뉴욕털게 님도 상담 중에 자주 쓰시는 말씀이더라. 나 말고도 적지 않은 사람들이 자주 쓰며 멘탈을 보존하는 것 같다. 어떤 상황에 적용해도 쓰임새가 좋은 말 같아서 권하고 싶다.

물론 "뭐 어떤데"를 아무데서나 남발할 수는 없다. 분명 책임져야 할 일이 있고, 해결해야 할 문제가 있다면, 그것은 피하지 않고 마주해야 한다. 하지만 그런 상황이 아니라면, 우리의 부족함을 굳이 과하게 비난할 필요는 없다고 생각한다.

그러니 이제는 스스로를 몰아세우지 말자. 똑같은 문제로 힘들어하는 것도, 똑같은 고민을 반복하는 것도 대수로운 일이 아니다. 중요한 건 우리는 여전히 살아가고 있다는 것이다.

마지막으로 이 말을 남기고 싶다.

"그게 뭐. 완벽하지 않으면 뭐 어떤데.
지금 이대로도 충분히 나쁘지 않은데."

당신의 불완전함을 끌어안는 순간, 그것이 진짜 완전함의 시작이 될지도 모른다.

왜 넘어지면 안 된다 생각해?

언제부턴가 왠지 넘어지면 다시 일어나기 힘들 것만 같았다. 어릴 땐 그래도 넘어져도 괜찮다고 생각했던 것 같다. 아직 나는 어리고, 그래서 실수하는 게 당연한 나이라고 믿었으니까. 하지만 나이를 먹고 세상을 알게 될수록, 특히 연예인들의 태도 논란이나 인성 논란 같은 사건이 터질 때마다 느꼈다. 수많은 사람들이 연예인들의 언행을 비난하고 조롱하는 걸 보면서 "단 한 번의 실수도 치명적이구나."라고 생각했다. 그래서 나도 잘못을 하나라도 하면 돌이킬 수 없을 만큼 욕을 먹고 외면받을까 봐 두려웠다. 연예인도 아닌데 말이다.

당신도 혹시 그런 생각을 해본 적이 있나?

'실패하면 끝이야.' '이거 잘못되면 내 인생 망할지도 몰라.'

나 역시 한때 이런 생각을 강박적으로 붙잡고 반복했던 때가 있었다. 내가 넘어지면 나를 향해 쏟아질 시선이 두려웠다. 실수하면, 실패하면, 더는 '괜찮은 사람'으로 보이지 않을까 겁이 났다. 그런데 사실 더 깊은 이유가 있었다. 무의식적으로 이런 생각이 깔려 있었던 거다.

'난 더 잘 살 자격이 있는데.', '난 힘들지 않아야 하는데.'

돌이켜보면, 나는 내가 뭔가 대단한 존재라도 되는 줄 혹은 그래야 하는 줄 알고 살았던 것 같다. 성공적인 삶, 실패 없는 삶을 살아야 한다는 강박이 있었다. 그 생각이 내가 넘어질 때마다 스스로를 더 괴롭게 만들었다. "왜 나는 이 모양일까"라며 자책했지만 애써 괜찮은 척을 하곤 했다. 지금 생각하면 "어떤 모양이든 뭐 어떤데"라는 생각이 들지만.

그러던 어느 날, 멘토님께 이런 내 이야기를 털어놓았다. 그러자 멘토님이 이렇게 물으셨다.

"왜 넘어지면 안 된다 생각해?"

그 질문을 듣고 순간 대답할 말을 잃었다. 한번도 넘어지면 안 되는 이유를 제대로 생각해본 적이 없었으니까. 그냥 넘어지면 안 될 것 같았던 거다. 다들 그렇지 않나? 당연히 넘어지는 걸 좋아하는 변태 같은 사람은 없을 테니까, 라는 생각을 하다가 멘토님은 이어서 이렇게 말씀하셨다.

"넘어지면 좀 어때? 넘어져도 일어나서 얻는 게 있잖아. 사람이 사는데 실패가 없는 게 이상한 거야. 우리가 신도 아니고, 내 맘대로 안 되는 게 당연하지."

그 말을 듣는데, 마음 한 구석이 풀리는 느낌이었다. 내가 '넘어지면 안 된다'고 생각했던 건, 넘어짐을 수치스럽게 여겼기 때문이다. 넘어지는 것 자체를 부정적인 일로 보니까, 거기서 뭔가를 얻는다는 생각조차 생각하지 못했던 거다.

"넘어진 걸 부정으로만 보면 진짜 부정이 돼. 그런데 그 속에서 뭔가를 배우고 일어나면, 그건 부정이 아니라 긍정으로 바뀌는 거야."

그제야 알았다. 내가 힘들었던 이유는 넘어짐 자체가 아니라, 넘어짐을 바라보는 내 태도였다. 넘어졌다는 이유로 스스로를 실패자로 단정 짓고, 더 이상 나아갈 수 없다고 여겼던 거다. 내가 넘어진 자리에서 하나라도 배우고 일어나면, 그건 내게 더 이상 부정이 아니라 긍정이 된다는 사실은 내게 희망적으로 다가왔다.

멘토님께서 하신 또 다른 말씀 중 이 한 마디가 아직도 생생하다.

"너 뭐 대단한 사람이라도 돼? 네가 뭔데 실패하면 안 되고, 힘들지 않아야 하는데?"

그 순간 무언가 크게 깨달았다. 내가 왜 그토록 완벽하려 했는지, 왜 그렇게 넘어지는 걸 두려워했는지 이제야 알 것 같았다.

살다 보면 나쁜 날도 있다. 하루가 다 망가진 것 같은 날도 있고, 아무리 노력해도 잘 되지 않는 순간도 있다. 하지만 나쁜 날에 저항하느라 애쓰는 대신, 그냥 받아들이는 것도 괜찮지 않을까? 넘어졌다는 사실을 인정하고, 그 자리에서 배워서 얻는 걸 생각해보는 거다.

넘어지면 뭐 어때? 넘어지는 건 결국 우리가 인간미 있는 사람이라는 증거다. 그리고 우리가 다시 일어날 수 있는 존재라는 사실을 알려주는 신호일지도 모른다.

이제는 넘어진 순간을 너무 두려워하지 않기로 했다. 사실 넘어진다는 게 여전히 두렵긴 하다. 매는 언제 맞아도 아프듯이. 하지만 이거 하나는 아니까 마냥 두려움에 두려워하지 않는다.

【실수하거나 실패해도, 그것 때문에 내가 끝나는 건 아니다. 내가 어떤 사람인지, 무엇을 잘하고 못하는 사람인지 알아가는 과정일 뿐이다.】

삶은 결국 놀이터에서 놀던 어릴 적 그때와 다를 게 없을지도 모른다.

올라갔다 미끄럼틀을 타고

내려오다 다쳐 울다가

털고 일어나 다시 한번 올라가

DAY6 영케이의 노래 〈playground〉의 가사다. 나는 이 곡을 들을 때마다 우리의 삶이 이와 비슷하다는 생각을 한다.

잡혔다가 따라잡기도 하고

이겼다가 지기도 해

결국 웃잖아, 맞잖아, life is like

Playin' in a playground

어릴 적 놀이터에서 술래잡기를 하던 것처럼, 우리는 여전히 잡히기도 하고, 따라잡기도 한다. 시험이나 면접에서 붙기도 떨어지기도 하듯이. 그런데 어쩌면 우리는 어릴 적 놀이를 끝내고 지었던 그 미소를, 어느새 잃어버리고 살고 있는 건 아닐까?

그런 생각이 들 때 나는 이 노래를 듣는다. 단순히 가사가 좋은 걸 넘어서, 들으면 마음이 가벼워지고 신이 난다. 하루에 10번 넘게 반복 재생한 적도 있다. 당신이 지금 힘들고 넘어졌다고 느낀다면, 혹은 심심할 때라도 이 노래를 한번 들어보라고 권하고 싶다. 그리고 이렇게 다짐하길 바란다.

"넘어지면 뭐 어때. 다시 일어나면 되지."

삶은 결국 놀이터에서 놀던 때처럼 그렇게 흘러가는 거니까.

돈보다 시간을 잃는 게
더 아깝다는 걸 몰라

"사람들이 흔히 하는 실수가 뭐냐면, 돈보다 시간을 잃는 게 더 아깝다는 걸 모른다는 거야."

돈보다 시간이 더 중요하다는 말. 이 말을 처음 들었을 땐 그냥 흔한 조언으로 들렸다. 머리로는 이해했지만, 가슴으로 와닿지는 않았다. 어디선가 교과서처럼 듣고 또 들었던 흔한 말이었으니까. 그런데 내 인생이 한창 어두운 터널 속을 지나며 히키코모리가 되기 임박했던 시기에, 비슷한 맥락의 이 말이 내게는 그야말로 충격으로 다가왔다.

솔직히 고백하자면, 그 시절 나는 내가 너무 싫었다. 무능하고, 머리가 나빠서 노력해도 변하지 않을 사람 같았다. 한계를 반복해서 마주할 때마다 스스로가 수치스러웠고, 차라리 다 내려놓고 도망치고 싶은 마음뿐이었다. 도망칠 곳이 있으면 좋겠다고 생각했다. 〈나는 자연인이다〉에 나오는 사람처럼 산 속에 들어가서 혼자 살며 아무와도 관계없이 살면 어쩌면 괜찮아질지도 모른다고 생각했었다.

그러던 그 시기에 멘토님은 내게 이렇게 말씀하셨다.

"현지야, 내가 너한테 '그냥 이번 년도 쉬어버려. 너 아직 어리잖아.'라고 하면 너는 당장은 편하겠지. 근데 너 여기 왜 왔니? 너는 왜 나한테 돈을 쓰고 있는 거야?"

그러네요. 나는 도망치고 싶은 마음도 있었지만, 동시에 바뀌고 싶어서, 잘 살고 싶어서 여기 온 거였다. 지금처럼 계속 살아가면 안 된다는 절박함이 있었기에 시간을 내고, 돈을 써가며 노력 중이었던 거다.

멘토님은 말씀을 이었다.

"너가 지금 이번에 잠깐 쉰 거 있지. 네가 시간을 낭비한 것처럼 느낄 수도 있어. 하지만 지금 너는 멈췄던 게 아니라 앞으로 나아가기 위해 연료를 채우고 있던 거야. 이건 낭비가 아니라 **준비**야."

그 순간, 내가 한동안 핸드폰 외엔 아무것도 하지 않았던 그 시간을 다시 바라보게 되었다. 그건 분명 '쉼'이었고, 나는 지쳐 있었기에 그 쉼이 필요했다. 그 시간을 낭비라 여기며 스스로를 자책했지만, 사실 그 쉼은 앞으로 나아가기 위한 연료였던 셈이다.

멘토님은 또 말하셨다.

"네가 했던 모든 실패와 부정적인 경험들 있지. 그거 다 돈 주고도 살 수 없는 거야. 네가 경험해서 얻은 깨달음이 얼마나 값진 건지 나중에 더 알게 될 거다."

그 말을 들으니 마음이 조금 가벼워졌다. 단순히 실패에 불과하다고 느낀 그 순간들이 의미 없는 시간이라고만 여겼던 내 생각을 고쳐먹을 수 있었다. 돈 주고도 살 수 없는 경험이라니, 그 말이 점점 더 크게 다가왔다. 그 모든 순간은 결국 지금의 나를 만드는 데 한 조각씩 보탬이 된 것 같았다.

우리는 대부분 시간을 돈으로 바꾸는 삶을 산다. 알바를 하거나 직장에서 일을 하며 시간을 들여서 돈을 번다. 그런데 부자들은 돈으로 시간을 산다. 누군가를 고용하거나 시스템을 만들어 자신이 노동해야 할 시간을 절약한다. 그들이 그렇게 하는 이유는 명확하다. 시간이 돈보다 더 가치 있다는 걸 알고 있고, 무엇보다 시간을 살 수 있는 재력이 있기 때문이다.

그럼 우리는? 20대 초중반의 우리는 돈이 많지 않기에 당장은 이런 선택이 어려울 수 있다. 하지만 우리도 시간을 잃지 않으려면 어떻게 해야 할까? 나 스스로를 돌아보면, 작은 변화는 얼마든지 가능하다. 책 한 권을 사서 읽거나, 뭘 배우는 데 돈을 쓰거나, 시간을 들여 스스로를 업그레이드 시켜줄 수 있는 도전 경험을 쌓는 일. 이건 큰 재력이 없어도 가능하다. 돈은 언제든 벌 수 있지만 시간은 한 번 지나면 다시 돌아오지 않기에, 시간을 벌 수 있는 데에 투자할 수 있어야 하지 않을까?

故 이건희 회장이 생전에 "전 재산을 젊음과 바꿀 수 있다면 당장 바꾸겠다"고 말한 이유를 이제는 조금 알 것 같다. 시간이란 결국 우리가 가장 큰 비용을 치르고도 되돌릴 수 없는 유일한 자원이다. 나는 이 사실을 체감하기까지 너무 많은 시간을 낭비했던 것 같다.

그날 이후 나는 시간을 대하는 태도가 바뀌었다. 지금 이 순간에도 시간은 흐르고 있다. 나는 다짐해본다. 내가 가진 시간을 더는 허투루 쓰는 걸 멈추겠다고. 그리고 이 순간 내가 무엇을 해야 할지 더 깊이 고민하겠다고.

이제는 당신에게 묻고 싶다. 오늘 하루는 당신에게 어떤 의미였는지. 그 하루가 내일의 당신을 더 나은 곳으로 데려다 줄 것 같은지. 돈보다 시간을 잃는 게 더 아깝다는 걸 가슴으로 느끼는 날이 당신에게도 찾아오길 바란다.

그때에야 비로소 우리는 정말로 인생을 살아가는 방식을 바꿀 수 있을지도 모르니까.

자책은 해결책이 아니야

나 자신을 가장 혹독하게 평가하는 비평가가 누구인지 아는가? 바로 '나 자신'이다. 실수 하나라도 하면 "내가 왜 그랬지? 진짜 바보 같다."라며 스스로를 몰아붙이고, 밤새 자책하는 경험을 해본 적이 있을 거다. 나 역시 그랬다. 스스로를 끝도 없이 괴롭히는 날들이 이어졌고, 자책이 끝나지 않는 밤에는 잠을 편히 잘 수가 없고 꿈에서도 편하지 않았다. 그런 날들 속에서 나는 마치 내 인생의 열렬한 안티팬처럼 행동하고 있었다.

특히, 내가 자책이라는 늪에 깊이 빠졌을 때는 정말 작은 일에도 무너졌었다. 작은 실수였음에도 무슨 범죄라도 저지른 것처럼 며칠씩이나 후회하고, 잘못된 선택이었다며 자신을 탓하기 바빴다. '그 상황에서 그러면 안 됐었는데' 하는 생각을 머릿속에서 반복재생 했지만 소용은 없었다. 이미 끝난 일이었으니까.

무엇보다 가장 괴로웠던 순간은, 내가 책임지지 않아도 되는 일에 죄책감마저 느낄 때였다. 가까운 사람이 힘든 일을 겪고 있을 때, 그의 불행에 대한 책임이 마치 나에게 있는 것처럼 느껴지곤 했다. 그래서 죄책에 가까운 자책을 했었다. *'내가 조금만 더 잘했었더라면…'* 이라는 생각이 머리를 떠나지 않았다. 그렇게 자책에 잠식된 채 몇 년을 보내고 나니, 나는 완전히 망가져 있었다. 이때쯤 '지구 멸망 사건'이 벌어졌고, 나는 미쳐버린 사람이 되어 있었다. 불필요한 죄책감은 나를 여전히 짓누르고 있었다. 어느 날 누군가 내게 던진 한 마디가 머릿속을 흔들어 깨웠다.

"자책은 해결책이 아니야."

이 짧은 말 속에 얼마나 많은 진리가 담겨 있었는지 몰랐다. 자책은 과거의 실수를 되돌릴 수 없고, 현재의 문제를 해결하지도 못한다. 자책은 단지 스스로를 더 깊은 어둠 속으로 몰아넣을 뿐이다. 자책한다고 죽는 건 아니여도, 사람이 망가지는 건 순식간이다. 이걸 알기에 혹시 당신이 나와 같이 자책을 심하게 하는 사람이라면 적극 만류하며 저 말을 위로와 함께 전해주고 싶다.

한 유튜브 영상에서 이런 말을 들은 적이 있다. 자책이란 사실 '완벽한 나'라는 이상을 지키기 위한 심리적 방어기제라고. "나는 원래 이런 사람이 아닌데, 왜 그렇게 행동했을까?"라는 생각은 결국 스스로가 부족하다는 사실을 인정하지 않으려는 몸부림이었다. 나 역시 그랬다. 내가 부족하거나 별로인 구석이 있다는 걸 인정하는 게 죽기보다 힘들었던 것 같다. 그래서 자책이라는 방식으로 나를 꾸준히 괴롭히며 묘한 만족감을 느꼈던 변태 같은 시절도 있었다.

그런데 자책이 도대체 무슨 의미가 있을까? 자책은 아무것도 해결하지 못하는데. 오히려 배울 기회를 뺏고, 앞으로 나아갈 힘마저 앗아간다.

"자책 대신 계획으로 끝내."

멘토님께서 해주신 이 조언은 나를 변화시키는 시작이 되었다. 자책 대신 계획을 세우는 것. 실수를 했더라도 거기서 끝내는 게 아니라, 어떻게 하면 다음에 더 나아질 수 있을지 생각하는 거다. 자책은 과거를 후회하게 만들지만, 계획은 미래를 만들어간다.

예를 들어, 이런 식으로 이해해보자.

1. 과제를 제때 제출하지 못했을 때
   - 자책 : "내가 왜 미리 준비하지 않았을까? 진짜 한심하다."
   - 계획 : "다음에는 기한을 미리 체크하고, 하루에 한 부분씩 끝내놓자."

2. 발표 중 실수했을 때

- 자책 : "사람들 앞에서 쪽팔리게 망신만 당했네.

 다들 나를 무시하겠지."

- 계획 : "다음 발표엔 더 많이 연습하고 준비하자."

3. 친구와 다퉜을 때

- 자책 : "내가 그때 왜 그렇게 말했을까? 진짜 못돼 먹었다, 나."
- 계획 : "내가 먼저 진심으로 사과하고, 다음에는 기분이 태도가 되지

 않게 감정을 잘 다스리며 말하자."

이렇게 자책 대신 계획으로 끝내며 실행한다면, 실제로 더 나은 상황과 더 나은 자신으로 업데이트할 수 있다.

때로는 '뻔뻔함'도 필요하다. 누구나 실수하고, 누구나 잘못할 수 있으니까. 자책에 빠졌을 때 이렇게 외쳐보자.

"나 기죽이지 마라! 사람이 실수할 수도 있지.

기죽이면 나 더 실수해?!"

이런 능청스러운 태도가 우리를 자책의 굴레에서 벗어날 여유를 만들어줄 거다.

자책은 나를 위한 것도, 주변 사람을 위한 것도 아니다. 나를 사랑하는 사람들은 내가 자책에 빠져 무너지는 모습을 원하지 않는다. 오히려 나를 싫어하는 사람들만이 그것을 즐길지도 모른다. 그들 좋을 일을 왜 해주냐. 그러니 이제는 내려놓자. 자책 대신 계획을 세우고, 그 계획을 실행하며 자신을 단단히 만들어가자. 그렇게 하다 보면 자책은 어느새 무의미한 것이 되어버릴 것이다.

나와 함께 자책 대신 계획을 세우는 연습을 해보는 건 어떨까? 천 리 길도 한 걸음부터다. 이 작은 시작이 나를 더 건강하고 더 나은 사람으로 만들어줄지도 모른다.

그러니 이제, 자책이 아닌 계획으로 우리 자신을 새로 써보자.

내 과실이 조금이라도 있으면
탓 대신 책임지기

"내가 뭘 잘못했길래 왜 이런 일을 당해야 해?"

한 번쯤은 이런 생각을 해 본 적이 있을 거다. 특히 억울한 상황에서, 친구와 다툴 때, 또는 일터에서 부당한 대우를 받는다고 느껴질 때. 우리 머릿속은 곧바로 타인을 탓하고, 상황을 탓하며 스스로를 억울한 피해자로 설정한다.

적어도 나는 그랬다. 시험 결과가 나쁘면 시험이 어려웠다고 탓하고, 친구와 다투면 상대방이 먼저 잘못했다고 여겼다. 직장에서의 실수도 나보다 다른 사람들이 문제라며 합리화한 적도 있었다.

그런데 정말 나는 아무 잘못이 없었을까?

돌아보니 대부분의 경우, 내 행동이나 태도에도 분명 문제가 있었다.

사실 어떤 상황에서 한쪽이 100% 잘못한 경우는 드물다. 그런데 나는 나에게도 과실이 있다는 사실을 인정하기가 너무 어려웠다. 상대의 말과 행동만을 탓하며 억울함을 호소할 때가 많았다.

그러던 어느 날, 한 유튜브 영상의 댓글이 눈에 들어왔다.

"내 과실이 조금이라도 있으면, 남 탓을 하기 전에 내가 뭘 '책임' 질 수 있을지 생각해보자."

이 간단한 문장이 당시의 내게 정말 와닿게 들렸다. 나는 항상 외부의 무언가를 탓하기에 바빴지만, 사실 내가 책임져야 할 부분도 있었다. 그것을 인정하지 않았던 건, 문제를 직시할 용기가 부족해서였다.

책임을 지는 건 약한 행동이 아니라 가장 강한 행동이다

책임이란 단순히 "내 잘못을 모두 떠안겠다"는 뜻이 아니다. 내 선택과 행동을 돌아보고, 그 결과를 개선할 방법을 찾겠다는 것이다. 내가 자주 보는 유튜버 Higherself의 한 영상에서는 이렇게 말했다.

【책임을 진다는 것은 내 삶의 주인의식을 가지고, 나의 행동, 태도, 반응에 대한 선택권을 내가 항상 가지는 것】을 의미한다고.

예를 들어, 누군가 뒤에서 내 차를 박았다면, 그 사고의 잘못은 당연히 뒤에 있는 운전자에게 있다. 하지만 그 순간 내가 '상황을 어떻게 해결할지'는 내 책임이라는 거다. 이해가 되는가? 내 과실이 10이든, 50이든,

0이든 상관없이, 상황을 더 나은 방향으로 이끄는 건 나의 몫이다.

한 번은 인턴 시절 팀에서 문제가 생겼을 때, 나는 팀원들이 날 대하는 태도가 불편하다고만 느낀 적이 있다. "왜 저 분은 나한테 이렇게 차갑게 대할까? 내가 그 정도로 잘못했나?" 라며 억울해했다. 그런데 돌아보니, 내가 먼저 무뚝뚝하게 대응했던 적도 있었고, 팀 분위기를 흐리는 언행을 했던 적도 있었다.

물론 모든 게 내 잘못은 아니었다. 하지만 내가 할 수 있는 책임이 분명히 있었다. 그걸 인정하자, 억울함으로 갇혀 있던 마음이 조금씩 풀리기 시작했다.

책임을 진다는 건 단순히 내가 "잘못했다" 하고 끝내는 게 아니다. 그것은 앞으로 더 나은 선택을 하겠다는 다짐이다. 내가 다음엔 조금 더 조심스럽게 말하고, 상황을 더 나아지게 하려고 노력하며, 내 태도를 개선해 나가는 것. 바로 그 과정 자체가 책임이다.

우리는 모두 피해자로 머물고 싶을 때가 있다. 피해자의 입장에 있는 게 편할 때가 많으니까. 그리고 남 탓을 하면서 당장의 억울함을 덜어내고 싶으니까. 하지만 피해자로 남는 건 아무 변화도 가져오지 못한다. 상대방이 바뀌길 기다리는 대신, 내가 나의 행동과 감정, 그리고 태도를 바꿀 수 있다는 걸 깨닫는 순간, 상황은 달라진다.

책임은 결국 나를 성장시키는 열쇠다

삶은 언제나 선택과 결과로 이루어진다. 우리가 스스로 선택한 행동에 대해 책임질 때, 우리는 비로소 삶의 주체가 된다.

혹시 지금 억울한 상황에 처해 있다면, 잠시 멈춰서 이렇게 스스로에게 물어보자.

"내가 지금 할 수 있는 최선의 책임이 무엇일까?"

그 질문이 내 삶을 어떻게 바꿀지 상상해 보라. 억울함에서 벗어나 주도적인 삶으로 향하는 첫 걸음이 될지도 모른다.

그렇게 책임을 지기 시작할 때, 억울함은 점차 희미해지고, 내가 내린 선택의 무게만이 남을 것이다. 그 무게는 결코 가볍지 않지만, 그만큼 나를 더 단단히 세워줄 것이다.

다들 그러고 산다는 흔한 말

요즘 당신은 어떻게 지내는가? 잘 살고 있나? 나는 당신을 포함한 모두가 무탈하기를 진심으로 바란다. 그런데 내 주변 친구들을 보면 저마다 각자의 고충이 있는 삶을 보내고 있는 것 같다. 취업 준비에 지쳐 힘들어하는 친구, 졸업을 앞두고 진로 고민에 머리를 싸매는 친구, 회사에서 상사한테 갈굼 당하는 친구 등등. 당신은 어떤 요즘을 살고 있나?

"다들 그러고 살아."

이 흔한 말을 한 번쯤 들어봤을 거다. 이 말을 들었을 때 당신의 기분은 어땠을까? 상황에 따라 대답이 달라질 것 같다. 나는 내가 힘든 상황일 때 이 말이 어딘가 무심하게 들리기도 했다. 마치 내 고통을 대수롭지 않게 여기는 것 같아서 서운한 마음이 들었다. 나는 세상에서 내가 제일 힘든 줄 알았고, 그 힘듦을 몰라주는 것 같았으니까.

그런데 이상하게도, 시간이 지나 같은 말을 멘토님께 들었을 땐 다르게 느껴졌다. 나만 힘든 게 아니구나. 나만 이런 삶을 살고 있는 게 아니구나. 모두가 각자의 짐을 짊어지고 살아가는 거구나, 하고 조금씩 깨닫고는 되려 위안을 받았다.

나는 짧은 회사 생활 경험을 거쳤음에도 모든 직장인들을 존경하게 되었다. 일만으로도 벅찬데 인간관계까지 신경 써야 하고, 때로는 야근에 실적 압박에 스트레스를 받으면서도 묵묵히 일하는 사람들이 대단해 보였다. 특히 30년 넘는 시간동안 같은 곳에서 일한 우리 아빠 같은 장기 근속자분들을 보면 정말이지 대단하다는 생각이 든다.

하지만 내게 가장 놀라운 건, 직장 내 괴롭힘 같은 상황에도 꿋꿋이 회사에서 버텨내는 사람의 존재였다. 처음엔 이해가 되지 않았다. 나였으면 벌써 그만두고 나갔을텐데 어떻게 계속 회사를 다닐 수 있을까? 시간이 지나고 나서야 그 답을 알게 됐다. 생계를 위해서 어쩔 수 없이 견디는 사람들도 많다는 걸. 이런 사람들도 있는데, 조금 힘들다고, 그깟 심장 좀 두근거린다고, 잠 며칠 못 잤다고 요란법석을 떨었구나. 그때의 나는 너무 철이 없었고, 너무 어렸고, 세상의 무게를 몰랐다.

내가 이 깨달음을 얻은 건 멘토님과의 대화 덕분이었다. 한번은 내가 좌절에 빠져 어둠의 기운을 풀풀 풍기고 있을 때, 멘토님은 내 얘기까지 다 듣더니 이렇게 말씀하셨다.

"누구나 넘어질 수 있고 누구나 힘들 수 있어. 근데 너는 너무 과해. 내가 지금 솔직히 말하자면 넌 너무 유난이야. 네가 이 얘길 들으면 수치스러울 거야. 지금 네가 겪고 있는 일이 네 인생에서 제일 힘든 일이라지만, 1만 번 넘게 힘든 일을 겪어본 내 입장에선 네가 유난으로 보이는 것도 사실이야."

그 말씀을 듣고 처음엔 조금 당황했지만, 곧 납득할 수 있었다. 솔직히 수치스럽지는 않았다. 사실은 나도 알고 있었기 때문이다. 내가 유난스럽다는 걸. 그러나 나보다 더 힘든 일을 겪어온 사람 앞에서 내 힘듦을 지나치게 보인 게 어쩐지 부끄럽기도 했다. 인생 선배 앞에서 난 숙연해질 수밖에 없었다.

"네가 힘든 건 인정해. 하지만 그걸 끝으로 보면 안 돼. 네가 그걸 끝으로 보면 제일 힘든 상황이 맞지. 근데 넌 왜 스스로 이걸 끝이라 생각해. 더 나아갈 수도 있고, 더 펼칠 수도 있어. 힘든 걸 넘기지 못하고 여기가 끝이라고 보면 네 인생은 거기서 멈추는 거야."

그 말씀에 나는 새삼 생각하게 됐다. 살아가다 보면 누구나 자기만의 역경을 맞이한다. 그 과정 속에서 고통은 당사자에게는 무엇보다 크고 아프게 느껴질 거다. 그것이 나만의 특별한 고통이라 생각하기 쉽다. 그러나 주위를 조금만 둘러보면 생각이 바뀌게 된다. 아, 나만 특별히 힘든 게 아니구나. 내 아픔이 특별히 더 무거운 것도 아니구나. 그렇다고 해서 내 아픔이 사소한 것이 되는 것도 아니다. 그냥, 모두가 각자 저마다의 짐을 지고 살 뿐이다. 그리고 멘토님의 말처럼, 고통 속에서 벗어나 나아갈지, 아니면 그 안에 머무를지는 결국 내가 선택할 수 있는 거다.

이제는 조금 알 것 같다. "다들 그러고 살아"라는 말의 의미를.

그건 "네 고통이 별 거 아니다"가 아니라,

"네가 지금 느끼는 힘듦은 너만의 것이 아니며,

그렇기에 너도 너무 좌절하지 않아도 된다"는 위로일지도 모른다.

지금 이 글을 읽는 당신도, 어쩌면 처음 이 말을 들었을 때 위로보다는 서운함으로 다가왔을지도 모른다. 내가 유난스러웠던 만큼, 지금 이 글을 읽고 있는 당신도 한 유난 할지도 모른다. 하지만 괜찮다. 누구나 유난스러운 시기가 있고, 그걸 지나며 단단해지게 된다.

그러니 당신이 느끼는 힘듦을 너무 부끄러워하지는 말자. 다들 그러고 산다는 건, 당신도 역시 그 안에 포함된다는 뜻이니까. 그리고 언젠가 이 흔한 말이 조금은 따뜻하게 들리는 날이 올 거다.

기억하자. 당신은 절망 속에서도 혼자가 아니다. 우리는 결국 절망과 희망이 뒤섞인 세상 속에서 더불어 살아가고 있다는 걸 잊지 말아주었으면.

감정에도 자격이 있는 줄 알았다

나는 요즘 감정 일기를 쓴다. Moodpress라는 앱을 사용하는데, 이거 이거 꽤나 좋더라. 하루 동안 느꼈던 감정들을 기록하고 생각을 정리할 수 있어 유용하다. 감정을 기록한 지 두 달 정도 지났다. 감정을 한눈에 시각적으로 확인할 수 있다는 점이 좋았다. 지난 두 달 간의 내 감정들을 돌아보니, 대부분 입꼬리가 올라가 있는 긍정적인 감정들이 많았다. 대체로 행복했다는 거다. 사실 그도 그럴 것이, 요즘엔 '무탈하면 행복하다'라고 느끼기 때문이다. 당신의 한 달은 어땠나? 부디 하루라도 무탈하거나 평온했기를 바라는 마음이다.

문득 과거의 내가 떠올랐다. 그땐 내 감정에조차 자격이 필요한 줄 알았다.

"내가 울 자격이 있나?" 목이 메어도 울지 못했다.

"뭘 잘했다고 울어?" 억울하고 슬플 땐 이 말이 나를 가로막았다. 울음뿐만 아니라 웃음조차도 조심스러웠다. "뭘 잘했다고 웃어?"라며 스스로를 다그쳤다.

스스로의 감정조차 죄악처럼 여겼다. 기뻐해도 안 될 것 같고, 슬퍼해도 안 될 것 같았다. 남한테 민폐만 끼치는 최악의 인간이라 나는 울 자격도 없고, 잘 한 거 하나 없으니까 웃을 자격도 없다고 생각했다. 그래서 감정을 억눌렀다. 마치 감정의 검열관처럼 매 순간 감정을 재단하고 통제했다.

하지만 정말 감정에도 자격이 필요할까? 네 감정도 아니고 내 감정인데. 그걸 내가 허락하지 않으면 누가 인정해줄까? 이런 의문이 들면서 문득 내가 나 자신에게 너무 가혹하지 않았나 싶었다.

사람들은 종종 이런 말을 한다.

"너무 감정적으로 굴지 마."

"기분이 태도가 되면 안 돼."

물론 이 말이 틀린 건 아니다. 관계에서 일방적이고 지나친 감정적인 태도는 좋지 못한 게 맞다. 하지만 감정을 지나치게 억누르고 살다 보면, 마음의 무게가 몸으로 내려 앉는다. 가슴이 답답하고, 숨이 막히는 느낌이 들며, 결국엔 눈물도 웃음도 모두 메말라 버리게 된다.

나도 그런 날이 있었다. 오랜만에 간 병원에서 의사 선생님과 상담을 하던 도중이었다. 2주동안 어떻게 지냈냐는 간단한 질문에 나는 저 잘 지내고 있고, 이것도 하고 저것도 하고 있다며 최대한 씩씩하게 대답했지만, 갑자기 목소리가 떨리기 시작하더니 눈물이 터지고 말았다. 억눌린 감정이 마치 댐이 터지듯 쏟아져 나왔다. 하지만 그 순간조차 나는 '울면 안 되는데'라는 생각으로 감정을 억누르려 했다.

그런데 이제는 안다. 감정은 단순한 반응이 아니다. 감정은 '살아있음을 보여주는 언어'다. 슬픔은 소중히 여겼던 것을 잃었음을 말해주고, 기쁨은 사랑하는 무언가를 찾았음을 알려준다. 이유 없는 눈물과 웃음조차 내 몸과 마음이 대화하는 방식이다. 그 대화를 억누르고 무시할 필요는 없었다.

나는 이제 감정을 느끼는 데 자격을 묻지 않는다. 울고 싶으면 울고, 웃고 싶으면 웃는다. 물론 여전히 감정 표현이 서툴고, 억누를 때도 가끔 있다. 하지만 이런 생각을 해본다.

"내가 나에게 내 감정을 허락해 주지 않는다면, 누가 내 감정을 인정해줄 수 있을까?"

그래서 나는 결론 내린다. 【감정에 자격 따위는 없다.】

슬픔이든 기쁨이든, 분노든 불안이든 감정은 감정일 뿐이다. 그것은 내 삶의 일부이고, 그 자체로 존중받아야 마땅하다. 누가 "뭘 잘했다고 울어?"라고 묻는다면 이렇게 답하고 싶다.

"내가 울고 싶으니까 울어."

이제 당신에게 묻고 싶다.

오늘 당신이 느낀 감정은 무엇이었나? 그 감정을 충분히 느끼고, 나 자신에게 허락했는가?

혹시 그렇지 않았다면, 지금이라도 그 감정을 받아들여 보자.

그러면 당신의 마음이 조금 더 가벼워지게 될지도?

나와 나와의 경쟁에서 완전한 승리란 없다

요즘 '갓생'이 유행이다. 미라클 모닝으로 새벽부터 일어나 공부하고 운동하며 자기계발에 몰두하는 모습들이 인터넷과 SNS를 통해 퍼져 나간다. 모두들 그렇게 '성장하는 나'를 증명하기 위해 살아가는 것처럼 보이기도 한다. 나 역시 한때 그랬다. 나의 성장이 곧 나의 가치를 높여줄 거라 믿으며 하루하루를 치열하게 살았다.

하지만 문득 이런 질문이 떠올랐다.

그 성장의 끝에는 무엇이 있을까?

내가 나를 이기고 또 이겨낸 끝에는 어떤 모습이 기다리고 있을까?

성공? 경제적 자유? 아니면 더 커진 공허함?

이런 질문을 품고 사는 도중에 한병철의 『피로사회』에서 읽은 한 구절이 깊이 와닿았다.

문제는 개인 사이의 경쟁 자체가 아니고 경쟁의 자기 관계적 성격이다. (…) 즉 성과주체는 자기 자신과 경쟁하면서 끝없이 자기를 뛰어넘어야 한다는 강박, 자기 자신의 그림자를 추월해야 한다는 파괴적 강박 속에 빠지는 것이다. 자유를 가장한 이러한 자기 강요는 파국으로 끝날 뿐이다. _ 『피로사회』 P.101

  책의 이 대목은, 내가 그토록 집착했던 성장의 본질에 의문을 품게 했다. 뒤처지면 안 된다는 불안감에 갇혀 스스로를 몰아붙이던 나를 돌아보게 했다. 성장하려는 의지는 처음에는 성취감을 주었지만, 시간이 지날수록 강박으로 변해갔다. '더 나은 내가 되어야 한다'는 생각은 쉬지 않고 나를 몰아세웠다.

  '나는 아직 부족해'라는 생각은 성장에 유리하게 작동했다. 적어도 내 경우에는 그러했다. 그래서 '우안개(우물 안팎의 개구리)'라는 부캐릭터 이름을 지은 것도 그런 이유에서부터였다. '아무리 성장해도 여전히 난 우물 안 개구리겠지만, 우물 밖으로 꾸준히 도약을 시도하며 성장해 나아가고자 하겠다.' 이런 모토를 가지고 살아왔다.

  그런데 이 책이 내 모토를 흔들어 놓았다.

  왜 나는 그렇게 성장에 집착했을까?

  도대체 무엇을 위해서?

자책하고 자학을 하면서까지 성장할 이유는 무엇이었을까?
도태되지 않기 위해서? 타인과의 경쟁에서 지고 싶지 않아서?
나는 왜 스스로를 그렇게 착취하며 살아왔을까.

『피로사회』는 이 질문에 답을 제시했다.

책에서는 오늘날 현대사회를 '성과사회', '피로사회'라 부른다. 이 사회는 "당신은 무엇이든 할 수 있다"라고 외치는 과잉된 긍정성을 강요한다. 그래서 현대인들은 자유롭다고 느끼면서도, 사실은 자기 자신을 끊임없이 착취하며 사는 것이다. 자신이 피해자이자 가해자인줄도 모른 채로.

이 대목을 읽으며 깨달았다. 나는 스스로가 자유롭다고 믿으면서도, 그 자유라는 이름 아래 끊임없이 자신을 착취해 왔다. 성장이라는 이상을 좇으며, 부족한 나를 자책하고 불안을 억지로 긍정으로 덮었다. 하지만 내가 그토록 원했던 건 무엇이었을까? 그 끝에는 무엇이 남았을까?

책은 말한다. "멈춤과 사유가 필요하다"고.
나도 그 말을 따라 잠시 멈췄다. 멈춤은 내게 패배가 아니었다. 오히려 나를 이해하고 지켜주는 첫 걸음이었다. 성장만을 외치며 달리던 길을 잠시 멈추니, 비로소 내가 어디에 서 있는지 보였다. 그리고 깨달았다. 진정한 성장은 내가 나와 끊임없이 싸워 이기는 데서 오는 것이 아니라, 내가 나를 이해하고 받아들이는 데서 시작된다는 것을.

성장의 본질은, 단지 더 나아지는 것이 아니다. 그것은 내가 어디에 있고, 무엇을 원하는지 스스로를 알아가는 과정이다. 나는 더 이상 나 자신을 넘어야 할 대상으로 보지 않으려 한다. 대신 나와 나란히 걸어가는 친구가 되고자 한다. 이 싸움에서 무언가를 증명하려 애쓰기 보다, 내가 나를 온전히 받아들일 때 비로소 더 큰 힘이 생길 거라 믿는다.

성장하려는 의지는 우리 삶을 더 충만하게 만든다. 하지만 문제는 그 의지가 지나치게 자기 착취로 변질될 때다. 성장이라는 목표 아래 스스로를 옭아매고, 내 안의 불안을 무작정 긍정으로 덮으려고 할 때, 결국 우리를 기다리는 건 지독한 피로와 번아웃 뿐이다.

혹시 당신도 갓생이다 자기계발이다 뭐다 성장 강박으로 지쳐본 경험이 있는가? 그렇다면 잠시 멈춰보는 건 어떨까? 멈춘 그 자리에서 당신 스스로를 더 잘 알아가는 여행을 시작할 수 있기를 바란다. 그 여행이야말로 당신을 진짜 성장으로 이끄는 첫 걸음이 될 거라 믿는다.

바꿀 수 있는 것을
바꿀 수 없다고 믿어버린

 나는 가끔 이런 상상을 한다. 만약 내 인생에서 가장 후회스러운 날로 돌아가서 단 한 가지를 바꿀 수 있다면, 돌아갈 것인가? 예전에는 무조건! 돌아간다고 답했을 거다. 하지만 지금은 다르다. 돌아가지 않을 거다. 왜냐하면 꼭 그때가 아니어도 내게 문제가 있다면 후회할 일은 언제고 생겼을 거니까. 혹은 문제가 있는 누군가를 만났다든가. 한편으로는 과거로 돌아가는 건 애초에 불가능하기에 아무것도 바꿀 수 없다는 걸 알기 때문도 있고.

 '만약'이라는 상상을 하며 후회와 자책에 빠져 살았던 날들이 떠오른다. 대학교에서 아깝게 장학금을 놓쳤을 때는 "내가 조금만 더 열심히 했더라면?"이라는 생각에 아쉬움을 쉽게 놓지 못했고, 직장 생활 중 실수했을 때는 "내가 좀 더 잘했더라면?"이라는 생각에 괴로워했다. 심지어 사람들과의 관계에서도 "내가 더 성숙하게 굴었더라면?"이라는 후회에 사로잡히곤 했다. 그렇게 나는 '조금만 더 잘했더라면 모든 게 달라졌을텐데'라는 착각 속에서 스스로를 몰아세우며 살았다. 그런데 정말 그랬을까?

돌이켜보면, 그건 단지 내 착각이었다. 나는 바꿀 수 없는 것들에 집착하며 그것들을 내 힘으로 바꿀 수 있다고 믿어왔다. 하지만 나를 바꾸려는 노력은 점점 '더 나은 내가 되어야 한다'는 강박이 되었고, 타인을 바꾸려는 시도는 끝없는 좌절만을 남겼다. 내가 아무리 애를 써도 모든 것이 내 뜻대로 흘러가는 건 아니었다. 그럴 때마다 나는 스스로를 탓하며 "나는 문제투성이야. 부족한 게 너무 많아."라고 자책했다.

하지만 진짜 문제는 내 부족함이 아니었다. 진짜 문제는, 내가 바꿀 수 없는 것들인 타인의 생각과 마음에는 집착하면서 정작 바꿀 수 있는 것들인 내 마음가짐과 태도는 방치했다는 점이다.

"신이시여, 저에게 바꿀 수 없는 것을 받아들일 수 있는 평온함과,
바꿀 수 있는 것을 바꿀 수 있는 용기를,
그리고 그 둘의 차이를 알 수 있는 지혜를 주시옵소서."

한번쯤 들어봤을 말일 거다. 나는 시간과 경험이 쌓이면서야 이 문장의 의미가 깊숙이 스며들었다. 특히 '바꿀 수 있는 것과 바꿀 수 없는 것의 차이를 알 수 있는 지혜'라는 말은 나를 깊이 생각하게 했다. 나는 늘 이 둘을 혼동하며 살아왔기 때문이다.

내가 가장 힘들었던 순간을 떠올려 보면, 과거에 대한 후회와 미래에 대한 불안이 가득했던 시절이었다.

"난 아마 영원히 부족할 거고, 일도 잘 못할 거고, 결국 사람들한테 사랑받지 못할 거야."

그때의 나는 내 인생이 이미 이렇게 정해진 결말로 끝날 거라 단정 지었다. 하지만 미래는 아직 오지 않았고, 그것은 그저 빈 캔버스와도 같았다. 문제는 내가 그 캔버스에 무언가를 그릴 용기가 없었다는 점이다. 그래서 과거에 얽매여 "바꿀 수 없을 거야"라는 최면을 걸며 포기했던 거다.

지금의 나는 조금 다른 마음가짐을 가지려 한다. 과거를 바꿀 수 없다는 사실을 받아들이고, 오늘 내가 할 수 있는 작은 선택과 행동이 미래를 바꿀 수 있다는 사실에 집중하려 한다. 여전히 불안한 날도 있고, 마음이 흔들리는 순간도 있다.

하지만 그럴 때마다 스스로에게 묻는다.

"지금 내가 바꿀 수 있는 건 무엇일까?

그리고 바꿀 수 없는 건 무엇일까?"

이 질문은 내가 지나치게 문제에 집착하지 않도록 도와주고, 내가 '할 수 있는 것'에 집중하게 만든다.

혹시 당신도 나처럼 바꿀 수 없는 것들에 너무 오래 매달려 힘들었던 적이 있지는 않은가? 아니면 바꿀 수 있는 것을 외면하며 "어차피 안 될거야"라고 자신을 속인 적은 없는가?

삶은 사실 그렇게 복잡한 게 아닐지도 모른다. 바꿀 수 없는 것을 받아들이고, 바꿀 수 있는 것에 용기를 내는 과정에서 우리는 조금씩 나아진다. 중요한 건 우리의 하루하루가 그 차이를 조금씩 알아가는 과정이라는 것이다.

미래가 어두워 보일 때도, 사실 그건 아직 비어 있는 캔버스일 뿐이다. 그리고 그 캔버스를 채울 사람은 바로 당신 자신이다. 아무도 당신 대신 그릴 수 없기에, 지금 여기서 당신이 시작해야 한다. 작고 서툰 선이라도 괜찮다. 그 선이 당신의 그림을 완성해 나가는 시작이 될 테니까.

힘들 때 가장 먼저 해야 할 것은

가끔 너무 힘들어서 아무것도 하고 싶지 않은 날이 있지 않나? 침대에서 일어나기도 버겁고, 머릿속엔 부정적인 생각과 잡념이 가득 차 있는 날. 이런 날엔 나 자신에 대한 연민과 혐오, 수치심, 우울감 등등 여러 감정이 뒤섞인 채 나를 짓누른다. 이때 성격이 조금 다른 감정도 느낀다. '나를 걱정하는 가족들에 대한 미안한 마음.' 집에는 나보다 더 아픈 사람이 있었고, 우울한 나 때문에 걱정 끼치는 게 민폐가 될까 두려웠다. 그래서 더더욱 힘든 티를 내지 않으려 씩씩한 척도 해봤다. 금방 사그라들 연기였지만.

그런데 알고 보면 그 미안함의 근본은, 내가 그들의 걱정을 부담스럽게 느꼈기 때문이었다. 가족들이 고장난 나를 걱정하는 게 걱정이라 생각했지만, 사실 가족들에게 걱정을 끼치는 '나 자신'이 불편했던 것이다. 언제 괜찮아질지 모르는 기약 없는 시간동안 괜찮지 않은 나를 보는 주변 사람들이 지쳐서 날 미워하게 될 지도 모른다고 생각했다. 그래서 두려웠다.

"그들이 걱정할 권리를 빼앗지 마세요."

정신과 의사 선생님께서 해주셨던 이 말씀은 내게 큰 깨달음을 주었다. 맞는 말이었다. 가족들이 나를 걱정하는 건 그들의 선택이고 권리라는 것을, 그리고 내가 그 권리를 침해할 수도 없다는 것을 알게 되었다. 그리고 더 중요한 사실도 깨닫게 해주셨다. 내가 가까운 사람들의 걱정을 불편해하고 미안해할 필요가 없다는 것이다.

사실 우리가 사랑하는 사람이 힘들어하면 걱정하는 건 너무나 당연한 일이다. 나 역시 가족 중에 크게 아팠던 사람을 생각했을 때 그랬다. 아프고 힘든 게 민폐라고 생각한 적도 없었다. 그렇다면, 왜 나는 내 힘듦이 가족들에게 민폐가 될 거라고 생각했을까? 내 감정과 상황을 있는 그대로 드러내는 게 그렇게 잘못된 일도 아닐 텐데.

유튜버 김달은 〈힘들 때 꼭 보셨으면 좋겠습니다〉라는 제목의 영상에서 이런 말을 했다. "우리가 힘들 때 가장 먼저 해야 할 것은 가까운 사람들에게 이해를 구하는 것"이라고. 멘탈이 괜찮은 사람은 힘든 사람의 마음을 이해하기가 정말 어렵기 때문이다. 예를 들어, 내가 하루 종일 잠만 자며 방에 틀어박혀 있다면, 가족들은 그런 나를 어떻게 대해야 할지 몰라 어쩔 줄 모를 거다. 이럴 때 그냥 한 마디만 솔직하게 말하면 된다고 한다. "나 요즘 힘든데, 힘들면 잠을 자." 이렇게 단순하게라도 내 상황을 짧게 설명하면, 그들도 나를 위해 어떻게 해야 할지 알게 되고, 나 역시 내가 가진 짐의 10분의 1 정도는 덜 수 있다고 한다.

그 이후의 행동은 각자의 몫이다. 누군가는 잠을 자고, 누군가는 책을 읽고, 또 누군가는 여행을 떠날 수도 있다. 나 역시 내 방식대로 현실을 도피한 적이 그랬다. 그렇게 내 방식대로 시간을 보내다 보면, 어느 순간 마음의 무게가 조금은 가벼워지는 것을 느끼게 된다.

힘든 순간은 누구에게나 예외 없이 찾아온다. 하지만 그 힘듦을 어떻게 극복할 지는 우리의 선택에 달려있다. 그 선택의 시작은 간단할지도 모른다. '내가 지금 힘들다'는 걸 스스로가 알아차리고, 그리고 소중한 사람들에게 솔직하게 말하는 것. 그것만으로도 당신의 무거운 짐은 조금 가벼워질 거다.

물론 내 마음을 솔직하게 전하는 것이 쉽지 않을 수도 있다. 어느 정도 용기가 필요한 일이라고도 생각한다. '내가 이렇게 말해도 이해 받을 수 있을까?', '혹시 내 이야기가 부담이 되진 않을까?'라는 걱정이 들 수 있다. 하지만 내가 겪은 바로는, 막상 솔직하게 털어놓으면 두려움보다는 안도감이 더 크다. 힘든 상태가 지속된다 하더라도, 내 상황을 이해해 줄 누군가가 있다는 것만으로도 마음의 여유가 생기기도 한다.

그러니 힘든 순간이 찾아왔을 때, 혼자 감당하려고 애쓰지 말자. 내 상황을 있는 그대로 털어놓는 순간, 내 마음에 얹혀 있던 돌덩이 하나쯤은 내려놓을 수 있으니까. 그리고 그 작은 변화가 쌓여 결국엔 내가 다시 일어설 힘이 되어줄 테니까.

끝으로 이 말을 꼭 전하고 싶다.

"지금 많이 힘들지. 조금은 내려놔도 괜찮아.

네 곁에 있는 사람들은 여전히 네 곁에 있을 거야.

너를 이해하고, 너의 아픔을 함께 나눌 사람들이 있어.

그러니 너무 혼자 애쓰지 말고,

네 마음을 조금이라도 나눠줘.

그리고 기억하자.

모든 건 결국 지나간다는 걸.

다 지나간다.

고통이 날 붙잡든 내가 고통을 붙잡든

언젠가는 손아귀에 힘이 풀리기 마련이니까.

네가 다시 일어설 그 날을

내가 묵묵히 곁에서 응원할게."

3장.

앞으로도
또 넘어지고
또 일어나려 하겠지

또 넘어질 수밖에

다들 요즘 뭐하고 지낼까. 친구들은 취업 준비에 몰두하며 자소서를 쓰고 면접을 보러 다니고 있을지도, 또는 알바를 하며 용돈을 벌거나 자기만의 목표를 향해 달리고 있을지도 모른다. 하지만 한 가지 확실한 건, 모두가 저마다의 자리에서 각자의 방식으로 넘어지고 있을 거란 사실이다.

20대라면 한번쯤 이런 생각을 해보지 않았을까?

"또 넘어지면 어떡하지?"

혹은 이미 넘어져 본 사람이라면,

"두 번 다시는 넘어지고 싶지 않아."

그런데 참 허탈하다. 그렇게 넘어지지 않으려고 애쓰고 노력했음에도 불구하고, 결국 또 넘어지는 순간이 온다. 더 이상 넘어지지 않을 거라 믿었던 그 때에도, 예기치 못한 돌부리나 문턱에 걸려 무릎을 찧는다.

나는 넘어진 자리에서 깨달았다.

'나는 또 넘어질 수밖에 없는 존재라는 것'을.

그러나 '또 일어날 수밖에 없다는 존재이기도 하다'는 것을.

나만 그런 게 아니다. 당신도, 우리 모두가 그런 존재다.

DAY6의 〈우린〉이라는 노래의 가사엔 이런 가사가 나온다.

Sometimes we fall and then we rise
늘 반복해 끝도 없이

살면서 우리는 떨어지고, 또다시 올라간다. 떨어지는 순간에는 다시 올라갈 수 있으리라곤 상상하기 힘들지만, 결국 우리는 조금씩 일어나게 된다. 아마도 인생은 오르고 내리는 무한의 곡선을 그리며 흘러가는 것일지도 모르겠다.

한때 나는 이렇게 생각했다.

"이제는 다 끝났어. 세상 살면서 겪을 고통 다 겪어냈으니까, 더 이상 힘든 일은 없을 거야. 난 다시는 넘어지지 않아."

하지만 그게 얼마나 큰 착각이었는지 깨닫는 데는 오래 걸리지 않았다. 예상치 못한 곳에서 넘어지고, 예상치 못한 타이밍에 넘어졌다.

그리고 다시 일어서는 게 얼마나 힘든 일인지 깨달을 수밖에 없었다.

넘어지지 않을 거라는 기대는, 다음 번 넘어짐에 무방비하게 무너지게 만들고 더 큰 상처를 남기곤 한다. 하지만 넘어짐이 무조건 나쁜 것만은 아니다. 넘어지면서 우리는 '다음에는 덜 아프게 넘어지는 법'을 가르침 받기 때문이다. 넘어질 때 바닥에 손바닥을 짚어 큰 부상을 피하는 법을 배우듯, 마음의 손을 짚는 법도 조금씩 익히게 된다. 게다가 넘어질 때마다 우리는 조금씩 단단해진다. 갖은 풍파를 겪어낸 후에 우리는 더욱 성장한 나 자신을 맞이하게 된다.

사람들은 말한다.

"넘어지면 다시 일어나면 된다"

하지만 정작 넘어지는 그 순간에는, 그 말이 얼마나 무책임하게 들리는지 모른다. 넘어짐의 고통은 말로 다 표현할 수 없을 만큼 아프고, 일어설 힘조차 남아 있지 않기도 하기 때문이다. 그런데 한 가지 생각해보자. 사실 누구보다 일어나고 싶은 사람은 바로 '나 자신'이다. 다만 두려움에 혹은 막막함에 눌려 일어나는 게 불가능하다고 믿고 주저앉아 있을 뿐이다.

넘어진 상태로도 괜찮다. 누워 있어도, 쉬어가도 괜찮다. 애쓰지 않아도 시간이 지나면 어느 순간 다시 일어나 있는 나 자신을 발견하게 될 테니까.

힘든 일? 또 온다. 넘어지는 순간? 또 올 거다. 이건 피할 수 없는 사실이다. 그러나 괜찮다. 중요한 건, '지금 이 순간에 감사하는 법'이다. 아무 일도 없는 평온한 오늘을 즐길 수 있는 이유는, 언젠가 다시 넘어질 날이 오겠지만, 그게 오늘이 아니라는 사실만으로도 감사하지 않은가.

그러니 평온한 지금을 즐겨두자. 별 일 없는 지금, 고요한 이 순간이 얼마나 소중한지 느껴보자. 그리고 넘어질 때가 오더라도 너무 두려워하지 말자. 넘어질 수밖에 없는 존재지만, 결국에는 또다시 일어날 수밖에 없는 존재니까.

희망이 떠오르면

절망은 저무니까

기쁨만 기억하고 살자 우린

DAY6의 노래 가사처럼, 우리는 가끔 떨어지고 다시 올라간다. 그리고 희망이 떠오르면 절망은 저문다. 그러니 오늘은 기쁨만 기억하고 살자. 그리고 '*무슨 일이 있더라도 새벽은 찾아온다.*'는 걸 잊지 말자.

눈앞이 다 깜깜해도

어둠이 짙어 보여도

틀림없는 사실은

다시 빛은 돌아와

모든 걸 바라보며 살자 우린

아무리 짙은 어둠 속에 빠져 있어도 틀림없이 빛은 다시 돌아온다. 그러니 모든 가능성을 바라보며 살아보자. 넘어진 그 자리에서 새로운 길로 걸어갈 나를 믿어보자. 우린 또 넘어질 수밖에 없겠지만, 결국엔 또 일어날 수밖에 없는 존재니까.

기왕 넘어질 거 함 부딪쳐 보는 것도

우리는 앞으로도 또 넘어질 수밖에 없다는 사실을 이미 알고 있다. 나 또한 몇 번이고 넘어졌고, 그때마다 다시는 못 일어날 거라며 좌절했다. 하지만 신기하게도, 넘어질 때마다 어느새 다시 일어서 있더라. 넘어진 자리에서 들려오는 건 "난 이제 끝났어"라는 내 외침이었지만, 그 자리에서 삶은 매번 이렇게 대답했다.

"넌 지금 끝이 아니야."

그렇게 몇 번이고 넘어진 내가 또 한 번 일어나서 이렇게 말한다.

"기왕 넘어질 거라면, 한 번 부딪쳐 보는 것도 나쁘지 않지 않을까?"

넘어짐이 두렵지 않냐고 묻는다면, 솔직히 두렵다고 답하겠다. 그 지옥을 또 겪는다고 생각하면 어후 그냥 싫다, 싫어. 그런데도 지금의 나는 왜 자꾸 부딪치려 하는 걸까? 멘토님께서 한 번은 그런 나를 신기해하며 물으셨다.

"말로는 두렵다 하면서도 왜 자꾸 부딪치려 하는 거야? 대단하긴 한데, 참 궁금하다."

그 질문을 듣고 나서야 나는 미처 생각 못했던 이유를 곱씹어볼 수 있었다. 곰곰이 생각해 보니, 넘어지는 건 피할 수 없는 일이라는 걸, 누구나 겪게 될 인생의 한 부분이라는 걸 받아들였기 때문이다. 그래서 어차피 넘어질 바엔 미리 때려 맞는 것도 나쁘지 않을지도 모른다고 생각했고, 그 경험을 내 것으로 만들어보자는 생각이 들었던 탓도 있다. 그리고 무엇보다, *한번쯤은 이겨보고 싶었다.* 한번의 실패가 끝이 아니라는 걸, 그리고 내가 여전히 도전할 수 있다는 걸 스스로에게 증명하고 싶었다. 비유하자면, 100m 달리기 경주에서 부정 출발로 실격을 당했는데, 다시 또 망신을 당할지라도 새 경기에 나가 순위권이라도 들어보고 싶은 마음인 거다. 좀 욕심부려서 1등 하면 더할 나위 없이 좋겠고.

넘어짐은 분명 흔적을 남긴다. 하지만 그 흔적 위에 더 나은 순간들을 덮어쓰며 나만의 서사를 만들어가는 것도 가능하다. 그래서 나는 실패했던 일에 다시 도전한다. '더 나은 순간'이라는 스티커를 붙여 실패의 흔적을 영광스럽게 덮고 싶어서다.

우리는 앞으로 몇 번이나 넘어지게 될까? 셀 수는 있을까? 확실한 건, 넘어짐은 우리의 의지와 상관없이 찾아온다는 것이다. 지나온 삶의 데이터를 되짚어 보면 그런 것 같다. 그런데 이 사실을 머리가 아닌 마음으로 받아들일 수 있다면, 넘어짐은 두려움의 대상이 아니라 삶의 일부로 여겨질 수 있다. 아, 또 올 거구나. 또 넘어지겠구나. 이렇게 넘어짐이 '또 찾아오는 것'이라는 걸 받아들이면 조금은 초연해지게 된다.

그리고 그때쯤 되면 '객기'가 생길지도 모른다. *"넘어짐이 필연이라면, 차라리 내가 먼저 부딪쳐보는 건 어떨까?"* 이 말이 그 객기를 표현하는 정확한 말 같다. 지금의 평온함이 지루하다고 느껴질 때쯤, 우리는 새롭게 '넘어질 만한 것'을 찾아 나설지도 모른다. 부당한 일을 겪으면 화를 내보는 것, 감히 손대지 못했던 일들에 도전해보는 것, 소심해서 말 못했던 서운함을 친구에게 솔직하게 털어놓는 것, 맘에 드는 사람에게 먼저 다가가 보는 것, 부수입을 늘릴 부업에 도전해보는 것 등등. 스스로를 성장시키는 작은 목표들을 세우는 것, 이렇게 생각만 해도 짜릿한 일들이 모두 '기왕 넘어질 거라면 해보는 부딪침'이 아닐까.

넘어짐은 요령을 가르쳐준다. 잔머리가 괜히 있는 게 아니다. 처음엔 아프지만, 몇 번이고 넘어지다 보면 자연스레 이렇게 생각하게 된다. *"아, 이럴 땐 이렇게 넘어지는구나.", "다음에는 이런 식으로 넘어지지 말아야겠다.", "어떻게 하면 다음번엔 조금 덜 아프게 넘어질 수 있을까?"* 그렇게 우리는 조금 더 잘 넘어지는 법을 터득하게 된다. 그리고 우리는 넘어짐을 통해 배우고, 성장하고, 나아간다.

넘어짐은 단순히 실패가 아니다. 그것은 우리가 앞으로 나아갈 방향을 보여주는 나침반이다. 넘어졌던 자리에서 다시 일어설 때, 우리는 우리가 얼마나 강한 존재인지 깨닫는다. 그리고 그 강함은 부딪침 속에서 배우는 삶의 가치다.

그러니 오늘 당신이 망설이고 있는 일이 있다면, 한 번 객기를 부려보는 건 어떨까? 넘어질 가능성이 두렵더라도, 실패를 피하지 말고 부딪쳐보자. 실패하더라도 괜찮다. '실패'에서 끝내지만 않으면 된다. 어차피 또 하면 그만이다. 그 과정 속에서 작은 승리도 발견할 수 있다면, 그 승리는 앞으로 살아갈 날들 속에서 당신의 자부심이 될 것이다.

지금 이 순간의 두려움마저도 언젠가는 당신의 이야기에 꼭 필요한 페이지가 될 것이다. 넘어짐은 단지 과정일 뿐이다. 그 과정에서 배우고, 성장하고, 다시 일어서는 나를 믿어보자.

그리고 이렇게 말하자.

"기왕 넘어질 거라면, 제대로 부딪쳐 보자."

삶은 몇 번을 넘어지더라도 다시 일어날 용기를 가진 우리를 통해 완성되는 거니까. 당신의 이야기는 아직 끝나지 않았다. 지금 이 순간도 그 이야기를 쓰고 있는 과정일 뿐이니까.

최종 목적지보단 경유지를 이정표 삼아

20대 초반의 나는 막연히 미래에는 잘 되어 있을 거라고 믿었다. 물론 근거 없는 자신감이었다. 구체적으로 계획을 세운 것도 아니고, 열심히 준비한 것도 아니었다. 그냥 시간이 흘러 자연스럽게 삶이 굴러가다 보면, 언젠가 멋진 어른이 되어 있지 않을까 싶었다. '몇 년 안에는 나도 뭐든 이뤄냈겠지'라는 안일한 기대 속에서.

그런데 막상 24살이 지났을 때, 기대했던 나의 모습과 현실의 나 사이에는 한참의 거리가 있었다. 내가 꿈꿨던 이상에 따르면, 지금쯤 유튜브 구독자가 1만 명을 넘기고, 월 1000을 벌며, 몸과 마음이 모두 건강한 삶을 살고 있어야 했다. 그러나 현실은 이상만 크고 행동은 안 하는, 졸업을 유예하며 어디로 가야 할지조차 모르던, 피폐한 멘탈을 가진 내가 있었다. 먼 곳에 있는 목적지만 목이 빠져라 쳐다보다가, 지금 어디쯤 있는지조차 모른 채 헤매고 있었다.

그 시절의 나는 아득한 목표와 현실 사이의 간극에 괴로워했고,

방향을 잃은 채 하루하루를 보냈다. 그때 내가 알았어야 했던 건, 아마도 이 사실이었을 거다.

【멀리 있는 목적지만 바라보며 발만 동동 구르지 말고,

그곳으로 가는 작은 경유지들을 하나씩 만들어야 한다는 것.】

지금 눈앞에 놓인 일들을 하나씩 해나가면서 간극을 좁혀나갔다면 그렇게 괴로워하지 않아도 됐을 텐데 싶다.

이상이라는 건, 현실의 나를 기반으로 만들어진 것이 아니다. 그렇기에 환상 속의 나를 기반으로 만들어진 이상은 언제나 아름다울 수밖에 없다. 하지만 그 이상이 현실과 너무 멀리 떨어져 있다면, 그것은 희망이 아니라 절망이 되어버린다. 나는 나 자신에게 너무 큰 이상을 요구하며 매일 스스로를 몰아세웠다. 그리고 내가 '그에 비해' 너무 보잘것없다고 느끼며 괴로워했다.

그런데 나중에서야 깨달았다. 이상은 목적지가 아니라, 방향을 잡아주는 하나의 등대일 뿐이라는 것을. 그리고 그것이 내 발목을 잡는 족쇄가 되어서는 안 된다는 것을. 너무 멀리 있는 목표를 바라보며 현재의 나를 판단하다 보면, 지금 내가 서 있는 곳이 어딘지조차 알기 어려울 수 있다. 그 이상이 나를 끌어당기기 보다는, 오히려 나를 억누르고 있다는 걸 깨달았을 땐 이미 한참을 헤맨 후였을 때일지도 모른다.

큰 목표는 언제나 사람을 설레게 한다. 하지만 너무 큰 목표는 그 자체로 부담이 된다. 목적지만 바라보며 한번에 도달하려는 마음은, 마치 산꼭대기만 바라보고 지금 발 밑의 경사를 보지 않고 오르는 것과 같다. 정상에 도달하려면 반드시 하나하나의 경유지를 지나야 한다. 작은 성공을 쌓으며 방향을 점검하고, 스스로에게 시간을 줄 필요가 있다.

지금의 나는 눈 앞의 경유지에 집중하려고 한다. 당장 오늘 해야 할 일을 마무리하고, 작더라도 달성 가능한 목표를 세워 성취감을 느끼려 한다. 목표는 언제든 바뀔 수 있다. 때로는 길을 잘못 들어도 괜찮다. 중요한 건, 한 걸음씩이라도 계속 나아가는 것이다.

예전에 어떤 책에서 이런 문장을 읽은 적이 있다.

【길을 걷다 보면 어느 순간 목적지가 나를 발견해줄 것이다.】

처음엔 이게 무슨 말인지 이해하지 못했다. 목적지가 나를 발견하다니, 내가 찾아야 하는 게 아닌가? 그러나 시간이 지나며 그 말의 의미를 깨달았다. 내가 걷는 모든 길이 결국 나를 내가 가야 할 목적지로 이끌었다는 것을.

우리 모두는 각자의 속도로 나아간다. 누군가는 20대에 일찍 성공을 이루고, 누군가는 40대에야 길을 찾는다. 중요한 건 누구보다 빨리

도착하는 것이 아니라, 자신의 속도로 끝까지 걷는 것이라 생각한다. 어쩌면 우리 20대는 아직 경유지를 지나가는 중일지도 모른다. 목적지가 어디인지조차 모른 채 헤매고 있을 수도 있다. 하지만 괜찮다. 한 걸음, 한 걸음 내딛는 동안 우리는 점점 더 멀리 가고 있으니까.

지금 지나가는 경유지들은 언젠가는 하나로 이어질 것이다. 그 길의 끝에서, 문득 지금의 우리가 얼마나 열심히 걸어왔는지 알게 될 날이 올 것이다. 그리고 어쩌면 내가 상상했던 것보다 더 좋은 목적지에 도달할지도 모른다. 그러니 조급해하지 말자. 오늘의 한 걸음을 믿어보자. 그것이 우리의 미래를 만드는 첫 시작이 될 테니까.

부정 편향에 빠지려 할 때

우리 모두는 이런 날을 거친다. 아무리 노력해도 되는 일이 하나도 없고, 모든 것이 엉망으로 느껴지는 날. 시험이 망하고, 서탈과 면탈이 반복되고, 사람들과의 관계도 삐걱거리는 날. 이런 날, 우리는 이렇게 묻곤 한다. "나는 왜 항상 이 모양일까?" 작은 실패가 모든 실패로 이어지고, 머릿속은 부정적인 생각으로 가득 차며 나 자신을 더욱 초라하게 몰아붙인다.

그런데 한 가지 묻고 싶다. 그런 날에 우리가 내릴 결론들이 과연 모두 진실일까? 혹시 너무 성급하게, 혹은 부정적으로 삶을 판단하고 있는 건 아닐까?

살다 보면 나쁜 날도 있다. 때로는 아무리 애써도 되는 일이 없는 날이 있다. 그 날이 바로 오늘일 수도 있다. 우리는 이런 날을 '내 인생 최악의 날'이라고 과장하고, 단 하나의 나쁜 일로 '모든 것이 끝났다'고 여기곤 한다. '망한 하루'를 '망한 인생'으로 확대 해석하는 데는 단 몇 초도 걸리지 않는다.

하지만 이럴 때 정말 필요한 건, 그저 받아들이고 지나가는 것일지도 모르겠다. "아, 오늘은 나쁜 날이구나." 이 짧은 문장이 때로는 강력한 방패가 될 수 있다. 나쁜 날이 왔다는 걸 받아들이는 순간, 그 부정적인 감정의 힘은 약해진다. 중요한 건, 그 감정이 내 인생 전체를 정의하지 못하게 막는 거다. 나쁜 날이 오늘이라는 사실, 내일은 나을 수 있다는 가능성을 열어주기도 하는 거니까.

부정적인 감정에 휩싸였을 때, 우리는 종종 '성찰'이라는 이름으로 스스로를 더 괴롭히는 경향이 있다. "왜 그때 그렇게 했을까?", "내가 뭘 잘못했을까?" 답이 나오지 않을 문제를 붙들고 계속 되새김질한다. 하지만 이런 순간에 내린 판단은 대부분 왜곡되기 쉽다. 부정적인 렌즈를 끼고 내린 결론은, 나를 더욱 부정적으로 바라보게 만들 뿐이다.

이럴 때 필요한 건 성찰이 아니라 판단을 잠시 미루는 게 아닐까? 부정적인 감정에 휘말린 채 무엇인가를 판단하려 하면, 진흙탕 속에서 발버둥치는 것처럼 상황을 더 악화시킬 수 있다. 부정적 감정으로 가득 찬 머리는 꽤나 비합리적으로 작동하기 때문이다. 그래서 잠시 모든 걸 제쳐두고 "아무것도 판단하지 말자"라고 스스로에게 말하는 게 낫다. 무거운 감정이 가라앉을 때까지 시간을 주고, 내일로, 아니면 그 다음 날로 판단을 미뤄보자. 잠시 쉬어가는 시간이 더 나은 해답을 가져다주기도 하니까.

그러니 힘든 날에도 애쓰지 않아도 된다. 굳이 성찰하거나, 답을 찾으려 하거나, 스스로를 몰아세우지 말자. 대신 이렇게 생각해보자.
"이 어두운 밤도 새벽이 오면 밝아질 거야."
이 사실만으로도 어쩌면 조금은 견딜 힘이 생기지 않을까?

나는 요즘 감정과 거리를 두는 연습을 하고 있다. 부정적인 감정이 느껴질 때면 "아, 지금 내가 이런 기분이구나"라고 알아차리고, "그런데 이 감정도 영원하진 않겠지? 결국 다 지나갈 거야"라고 스스로를 다독인다. 이 연습을 반복하다 보면 감정에 너무 휘둘리지 않고 중심을 잡을 수 있는 힘이 생길 것 같다.

삶은 나쁜 날과 좋은 날이 교차하며 흘러가는 파도 같다. 아무리 나쁜 날이라도 결국 해는 떠오른다. 그러니 오늘이 인생 최악의 날처럼 느껴진대도, 너무 성급히 절망하지 말자. 혼생, 혼판, 혼결 하지 말고, 모든 결론을 내일로 미뤄두자.

그래서 당신에게 부탁하고 싶다. 오늘이 정말 최악의 날이라고 느껴진다면, 지금 당장 판단 내리지 말자.

스스로를 가혹하게 평가하지도 말고, 미래를 단정짓지도 말자.

그저 이렇게 생각하며 마음을 달래 보자.

"오늘이 나쁜 날이라면, 내일은 조금 더 나은 날일지도 몰라."

물론 그 '내일'이 언제가 될지 모른다. 내일이 아니면 모레라도, 모레가 아니면 글피라도. 글피가 아니면 그글피, 닷새, 엿새, 이레, 여드레, 아흐레, 열날이라도. 중요한 건 나쁜 날은 영원하지 않다는 사실이다. 그러니 지금 힘든 오늘을 보내고 있다면 스스로를 조금 더 느슨하게 놓아주길 바란다. 아침은 반드시 찾아올 테니까.

좋은 면만 내가 아니기에

당신은 당신 스스로를 어떻게 생각하는가? 당신의 장점은 뭐고, 단점은 뭔가?

우리는 살아가며 이런 이야기를 종종 듣는다. "좋은 면만 보고 살아" 그 말이 꼭 정답처럼 들려서, 한동안은 그 말대로 살아보려고 애썼다. 밝고 긍정적인 모습만이 나의 진짜 모습이라 믿고 싶기도 했다. 반대로 내가 싫어하는 모습들, 어두운 감정들은 어쩌다 드러나는 이질적인 것이며, 진짜 내가 아니라고 여겼다.

그런데 시간이 흐르면서 깨달았다. 내 단점과 모난 부분들은 내가 아무리 꽁꽁 숨기려고 해도 감출 수 없는 나의 일부라는 것을. 그리고 사실, 내가 애써 감추려 했던 부분들을 다른 사람들은 이미 자연스럽게 받아들이고 있었다는 사실도 언젠가 알게 됐다.

기억에 남는 사건이 하나 있다. 인턴 시절, 팀장님께서 나에게 "추우면 춥다고 말할 수 있는 어른이 되어야 해요."라고 말씀하신 적이 있다.

그 말을 듣고나서 나는 내가 추운데도 에어컨 온도를 조정하자는 제안도 못하는 소심한 사람으로 보였나 싶어 신경이 쓰였다. 내가 그런 모습으로 보였다면, 사람들이 그런 날 별로라고 생각하지 않을까 걱정도 됐다. 그래서 친구들에게 하소연했더니 한 친구가 의아한 표정을 지으며 이렇게 말했다.

"근데 너 원래 소심하잖아."

순간, 그 말이 왜 그렇게 충격적으로 들렸는지 모르겠다. 내가 계속 감추려던 모습이 이미 친구에게 태연하게 받아들여지고 있었다니. '너는 원래 그런 사람'이라는 뜻의 한 마디가 그동안 내가 얼마나 불필요하게 수고스러운 일을 하고 있었는지를 새삼 깨닫게 했다. 내가 억지로 외면하고 감추려 했던 부분들은 사실, 누군가에게는 나의 자연스러운 일부로 받아들여지고 있었던 거다.

그 이후로 내 생각이 조금씩 바뀌었다. 내 단점과 부족한 면도 결국 내가 가진 모습의 일부다. 그것을 억누르고 감추는 대신, 차라리 인정하고 받아들이기로 했다. 물론 그 사실을 받아들이는 데에는 시간이 조금 걸렸다. 주변을 돌아보니, 내가 그렇게 감추고 싶어했던 단점들을 알고도 내 곁에는 여전히 사람들이 남아있었다. 그 사실이 내게 큰 위안이 됐다. "아, 내가 싫어하고 스스로도 못 받아들였던 내 모습을 누군가는 그냥 받아들이고 내 곁에 머물러 있구나"라는 깨달음이 나를 조금 더 여유롭게 만들었다.

어쩌면 내가 숨기고 감추려 했던 게 사실 그렇게까지 큰 문제는 아니었던 걸지도 모른다. 애초에 정말 큰 문제였으면, 아무도 지금 내 곁에 남아 있지 않았겠지. 그러니까 손절할 정도의 치명적인 단점은 아니었던 거다. 아마 이걸 알아차린 그때부터 좋은 면만 내 모습이라고 생각하던 나 자신을 내려놓을 수 있었던 것 같다.

사람은 완벽할 수 없다. 장점만 있는 사람도, 단점만 있는 사람도 없다. 부족한 점도 있어야 인간미가 느껴지기도 한다. 그래서 요즘은 이렇게 생각한다.

"내가 가진 나쁜 면도 내 모습의 일부다.

어차피 완전히 없앨 수 없다면, 차라리 귀엽게 여겨보는 건 어떨까?"

물론, 진짜 뜯어고치고 싶은 나쁜 습관이나 태도도 있겠지. 이건 정말 못 견디겠다 싶은 것들. 그런 건 바꾸려고 노력하면 그만이다. 결코 쉽지는 않겠지만, 애초에 고쳐보겠다는 간절한 마음이 있다면 불가능한 건 없으며 노력하면 어느정도는 바꿀 수 있다고 생각한다. 다만 이 과정에서 한 가지는 꼭 명심했으면 한다.

【바꾸기 전에 먼저 그 단점을 '내 것'으로 인정하는 것.】

왜냐하면 부정하고 외면하다 보면, 그 단점이 다시 내 안에서 고개를 들 때마다 스스로를 더 미워하게 될지 모르기 때문이다. 하지만 그게 원래 내 안에 있었던 모습이라는 걸 받아들이면, 변화의 과정에서의 저항감도 덜해진다.

나는 과거에 나의 나쁜 면을 부정하며 좋은 면만 나의 진짜 모습이라고 우기던 시절이 있다고 말한 바 있다. 이제는 그때의 내가 좀 안쓰럽게 느껴질 때가 있다. 그렇게 믿고 싶었던 마음 이면에는 그때의 내가 '좋은 면만을 보여줘야만 사랑받을 수 있다'고 믿었기 때문일지도 모르기 때문이다.

하지만 지금은 이렇게 생각한다. 나쁜 면도, 좋은 면도 모두 나라는 사람을 이루는 조각들이다. 그 둘 모두를 인정하며 사는 것이, 진짜 나를 온전히 사랑하는 방법이 아닐까?

결국 사람은 완벽하지 않아서 더 사랑스러운 존재가 되는 것 같다. 부족한 점도, 단점도, 스스로가 부끄럽게 느껴지는 모습들조차. 그 모든 것들이 모여서 나를 완성한다고 생각하면, 조금 더 나 자신을 사랑할 수 있게 되지 않을까?

그러니 당신도 한번 생각해보길 바란다. 나의 나쁜 면이라고 여겼던 것들이 정말 치명적으로 나쁜 걸까? 아니면 단지 당신 혼자만 그렇게 느끼고 있었던 건 아닐까?

내가 보기엔, 당신 곁에 여전히 사람들이 남아 있다는 것만으로도, 그 답은 이미 나온 것 같다.

시간은 약이 아니라
반창고 정도는 되기에

　살다 보면 어떤 기억은 돌이킬 수 없을 정도로 버겁게 느껴질 때가 있다. 누구에게도 쉽게 털어놓을 수 없고, 스스로도 어떻게 해야 할지 몰라 그 무게를 고스란히 짊어진 채 하루하루를 버티며 살아간다. 그럴 때, 흔히 듣는 위로는 "시간이 지나면 괜찮아질 거야"라는 말이다. 하지만 그 말이 때로는 얼마나 공허하게 들리는지 아마 우리는 잘 알고 있을 거다. 정말로 시간이 약이라면, 왜 나는 여전히 그때의 일로 아파하고 있을까?

　나는 머리가 좋은 편은 아니라고 2장에서 말한 적 있다. 머리가 똑똑하지 않은 것에도 장점이 하나 있다는 걸 알고 있는가? 그건 바로 '불행한 기억을 빨리 잊는다'는 거다. 물론 완전히 잊을 순 없다.

그러나 당시엔 한없이 무거운 돌덩이처럼 나를 짓누르던 기억들이 어느새 다소 가볍게 느껴질 정도로 희미해지는 정도다. 사실 모두가 그럴지도 모르겠다. 머리 나쁜 사람이든 머리 좋은 사람이든 시간이 지나면 그 순간의 고통도 어느정도 약화되곤 한다.

그렇다고 해서 '시간이 모든 걸 해결해준다'는 말을 쉽게 믿지는 않는다. 사실 시간은 약이 아니라고 생각한다. 다만 **반창고** 정도는 될 수 있지 않을까? 웨스 앤더슨 감독의 영화 〈애스터로이트 시티〉에서 나온 대사 덕분에 이런 생각을 떠올릴 수 있었다.

"시간은 약이 아니야. 반창고 정도는 되겠지."

이 대사는 가까운 사람의 죽음을 겪고 상실의 아픔을 간직한 인물이 내뱉은 말이었다. 나는 그 말을 듣는 순간 멍해졌다. 맞아, 시간은 모든 것을 치유하는 기적의 약이 아니다. 그러나 상처가 덮어주는 반창고 정도는 될지도 모른다.

반창고는 상처를 완벽히 낫게 하진 못한다. 하지만 상처를 덮어 보호해주고, 상처가 천천히 아물어갈 수 있는 시간을 벌어준다. 시간이 하는 일도 이와 비슷하지 않을까? 상처를 없애주지는 못하더라도, 그 상처를 견딜 힘과 여유를 천천히 되찾게 해준다. 상처는 여전히 거기에 있지만, 시간이 지나면서 우리는 그 상처를 품고 살아가는 방법을 배운다.

사랑하는 사람과의 이별, 실패로 얼룩진 꿈, 미처 치유되지 못한 내 안의 상처들. 이런 것들은 시간이 흘러도 완전히 사라지지 않는다. 하지만 시간은 그 기억을 무겁게 짓누르던 돌덩이에서 점점 가벼운 자갈로 느끼게 만들어준다. 정면으로 마주하기 힘들었던, 상처가 가득한 과거를 끌어안고 살아갈 힘을 길러주는 것이 바로 시간의 힘이다.

지금 이 글을 읽고 있는 당신도 어떤 아픔을 품고 있을지 모른다. 그 아픔이 여전히 생생해서 한숨조차 내뱉기 쉽지 않을 수 있다. 그런 당신에게 이 말을 꼭 전하고 싶다. 시간은 약이 아닐지 몰라도, 반창고 정도는 될 수 있다. 상처가 없었던 것처럼 완벽히 낫게 하지는 못하지만, 그 상처를 감싸주는 동안 우리는 조금씩 나아질 수 있다.

반창고를 붙인다고 해서 상처가 단번에 아물진 않는다. 하지만 그 반창고가 있는 동안 우리는 피로 얼룩진 상처를 직면하지 않아도 되는 시간을 얻는다. 반창고에도 약이 발라져 있다는 사실을 아는가? 그래서 그런지, 반창고도 약의 역할을 어느정도 하나보다 싶다. 상처가 덮여진 사이에 상처는 조금씩 아물어 가고, 다시 움직일 힘을 얻게 한다. 시간이 흘러 반창고를 떼어내는 날이 오면, 그 자리에 남은 흉터는 우리가 겪어낸 고통의 흔적이자, 살아냈다는 증거가 되어줄 것이다.

나는 아직도 어떤 상처는 아물지 않았다고 느낀다. 결국 우리는 완벽하게 치유되지 못한 채로 살아가는지도 모르겠다. 하지만 그것도 그것 나름대로 괜찮지 않을까? 시간이 지나며 낫지 않을 거라 믿었던 상처가 조금씩 견딜만한 것으로 변하고, 언젠가 그 경험이 나를 더 단단하게 만들어줬다고 느껴질 날이 올 테니까.

그러니 지금 아픈 당신에게 말하고 싶다. 괜찮지 않은 지금 이 순간을 너무 저항하지 말라고. 상처는 쉽게 아물지 않겠지만, 시간이 반창고가 되어 너를 지켜줄 거라고. 그리고 언젠가 그 반창고를 떼어낼 날이 오면, 그 흉터가 네가 얼마나 많은 것을 이겨내고 여기까지 왔는지를 증명해줄 거라고.

시간은 약이 아니지만, 반창고 정도는 된다. 그렇게 상처를 덮고, 보호하며, 우리는 조금씩 나아간다. 삶은 천천히 아물어가고, 우리는 그렇게 조금씩 더 단단해지는 셈이다. 그러니 너무 조급하지 않아도 괜찮다. 지금 당장 반창고의 역할을 믿고, 시간을 내 편으로 삼아보자.

거리의 웃고 있는 사람들이 부러워질 때

문득 거리를 걷다가 웃으며 지나가는 사람들을 보면 멈칫할 때가 있다. 그들의 웃음은 내가 잃어버린 어떤 순간을 떠올리게 한다. 나도 저렇게 환하게 웃던 순간이 있었는데. 지금의 나는 왜 이렇게 작은 미소 한번 짓는 게 어렵게 느껴질까? 이런 생각이 스칠 때면, 내 안의 어두운 그림자가 더 짙어지는 기분이다.

대학 시절, 한 학기에 팀플을 5개나 했던 때가 있었다. 그중 조장 역할까지 맡아야 했던 팀플도 있었다. 처음 해보는 역할이라 혼자 책임감을 무겁게 짊어졌고 불안감도 상당했다. 밤이면 "이 팀플을 제대로 끝마칠 수 있을까?"라는 생각에 잠을 설치고, 유튜브에서 '팀플 빌런' 관련 영상을 찾아 내 모습과 겹쳐보며 자책하기도 했다. 잘하지 못할까 봐, 팀원들에게 민폐를 끼칠까 봐 애를 썼지만 그래도 불안감은 줄지 않았다. 급기야는 팀플이고 뭐고 차에 치여 학교에 나가지 않아도 되기를 바라는 마음까지 들었을 정도다. 그렇게라도 이 현실에서 벗어나고 싶었나 보다. 뭐 팀플 가지고 그러냐, 싶은 생각이 들 수도 있는데, 그러게나 말이다. 그때는 남의 시선을 지나치게 의식하던 시절이었으니까 더 심각하게 굴었던 것 같다.

어느 날 강의실 문을 열고 들어가기 전 나는 망설였다. 문 틈에서는 삼삼오오 모여 웃고 떠드는 사람들이 보였다. 그 순간 나는 그 모습을 보면서 생각했다.

'나만 이렇게 힘들까? 나만 이렇게 불안한 거야?'

그들의 웃음이 마냥 부러웠다. 나도 저 사람들처럼 웃고 싶었다. 불안한 마음 한 점 없는 하루를 보내고 싶었다.

이런 경험은 대학을 넘어 사회에서도 반복됐다. 사회에 처음 발을 디뎠을 때, 우울감은 한계치를 넘어 무표정으로 지내는 게 일상이 되었고, *'나 여기서 끝까지 버틸 수 있을까'* 라는 생각이 하루에도 수십 번씩 떠올랐다. 그렇게 힘겹게 하루를 보내고 집으로 돌아가는 길에, 고등학생 무리가 웃고 장난치며 지나가는 모습을 본 적이 있다. 그들의 밝음이 내 어두운 마음과 더 대비되어 느껴졌다.

'왜 나만 이렇게 힘든 걸까?' 웃고 있는 그들이 나와 달리 아무 걱정 없이 평탄하게 사는 것처럼 느껴져 부러운 마음이 들었다.

"다들 힘들어. 너만 그런 거 아니야."라는 말을 들어본 적이 있을 것이다. 그 말은 이해는 되면서도 위로는 되지 않았다. 내가 겪는 힘듦은 결국 내가 해결해야 하는 몫이었기 때문이다. 그 몫을 짊어지고 살아가는 동안 웃음은 점점 멀어졌고, 예전에는 헤프다 싶을 정도로 잘 웃던 내가 어느새 웃음 없는 사람이 되어 있었다.

그러던 어느 날, 오랜만에 집에 온 언니가 내게 말했다.

"좀 웃어라!'

그 말을 듣고 난 속으로 이렇게 대답했다.

'나도 웃고 싶지. 그런데 웃음이 안 나오는 걸 어떡해.'

하지만 그 마음을 말로 꺼내기가 어려워서 나는 그저 고개만 끄덕였다. 웃고 싶었지만 웃을 수 없는 나를 탓하며 보냈던 시간이었다.

시간이 흘러 나는 조금씩 변했다. 피식도 어렵던 내가 어느새 푸하하 웃음을 터뜨리는 순간들이 찾아왔다. 그때 깨달았다.

'아, 내가 그때 그렇게 힘들었지만 결국 웃는 날이 다시 찾아오는구나.'

이 변화는 단순히 시간이 해결해준 게 아니었다. 내가 나를 덜 미워하고, 덜 몰아붙이게 되면서 가능했던 일이다. 부족한 나를 있는 그대로 받아들이기 시작하자, 멀어진 줄 알았던 웃음이 다시 돌아왔다.

거리의 웃고 있는 사람들을 보며, 이제는 그들도 과거에는 힘든 시간을 지나왔거나 앞으로 또 다른 어려움을 겪을지도 모른다고 생각한다. 웃음이라는 건 고통을 모르는 사람들만이 가질 수 있는 게 아니었다. 그 순간을 견디고 살아낸 사람들이 얻어낼 수 있는 작은 선물 같은 것이었다.

어쩌면 이 글을 읽고 있는 당신에게도 언젠가는 그런 날이 찾아올 거다. 웃음이 자연스레 터져 나오는 날, 그 순간 우리는 깨닫게 될 거다.

'내가 그토록 부러워했던 누군가의 웃음도
결국 내 안에 있었던 거구나.'

그러니 당신이 지금 얼마나 힘들든, 웃음이 없는 날을 보내고 있든, 믿어주길 바란다. 그 웃음이 어느 날 반드시 다시 찾아올 거라고.

인생은 주인공만 진지한 코미디 영화

"이거 나만 심각한 거야?"

한번쯤 이런 생각 해본 적 있을 것이다. 내 발등에 떨어진 일 때문에 세상이 무너질 것 같아도, 주변 사람들은 그 상황을 대수롭지 않게 여기거나 가볍게 넘겨버릴 때. 그럴 때마다 나는 내 인생이 '나 혼자만 진지한 코미디 영화' 같다는 생각이 들곤 했다.

'주인공만 진지한 코미디 영화.'

어느 유튜브 영상 댓글에서 처음 본 이 문장은 이상하리만치 내 머릿속에 꽂히듯 들어왔다. 아, 이거 딱 내 얘긴데 싶었으니까. 그땐 무엇보다 커다란 사건 같았던 일이 사실 알고 보면 우스꽝스러운 해프닝일지도 모른다고 생각하니, 묘하게 마음 한 구석이 편해졌다. 물론 그 순간의 나는 한참 심각했겠지만, 누군가 멀리서 보면 그 모습 자체가 웃고 넘겨버리는 하나의 장면이었을지도 모른다.

'인생은 멀리서 보면 희극, 가까이서 보면 비극'이라는 말처럼, 거리를 두면 다르게 보이는 일이 많다. 시험에 떨어지고, 이별을 맞이하고, 창피한 실수를 저질렀던 순간들. 그 당시에는 인생이 무너지는 듯 느껴졌지만, 시간이 지나 돌아보니 그저 인생이라는 이야기 속 짧은 에피소드였을 뿐이었다. 그때의 나는 그 에피소드가 내 인생의 전부인 줄 알고, 온 힘을 다해 너무 심각하고 진지하게 임했던 것 같다.

왜 우리는 자신의 삶에 이토록 심각해질까?

난 그 이유가 '주인공의 무게' 때문이라고 생각한다. 우리 모두는 자신이 자신의 인생의 주인공이다. 주인공에겐 고난과 위기의 순간이 찾아오기 마련이고 생생한 절망에 빠지는 순간이 잇따르며 그 과정에서 우리는 '심각하지 않기'가 힘들다. 하지만 이 세상의 모든 사람이 자기 삶의 주인공으로서 각자의 이야기를 쓰고 있다는 사실을 가끔 잊고 사는 것 같다. 내 인생의 주인공이 심각하게 겪은 사건이 다른 인생의 주인공에게는 그저 스쳐 지나가는 에피소드일 뿐이다. 우리 모두 자기 이야기에 몰두하며 다른 사람들의 이야기를 별 대수롭지 않게 받아들인 적이 있을 거다. 그렇게 누군가의 비극은 누군가의 코미디가 되기도 한다.

생각해보면 나도 남의 이야기를 대수롭지 않게 흘려보낸 적이 있다. 친구가 정말 수치스럽다며 꺼낸 에피소드가 내게는 그저 재밌고 귀여운 에피소드처럼 느껴지기도 했다. 그 순간, 그 친구에게는 자신의 인생에서 가장 큰 비극 중 하나를 꺼냈을지도 모르는데 말이다. 이뿐만이 아니다. 이름 모를 사람의 엉뚱한 실수에 웃음을 터뜨린 적도 있다. 당신도 그런 경험이 있지 않은가? 이렇게 생각해보면 우리는 모두 각자의 무대에서 지나치게 진지하게 혼신을 다해 연기하며, 등장인물인 서로에게는 가볍고 때로는 우스운 존재로 비춰질 뿐일지도 모른다.

그렇다면 이 모든 진지함은 과연 의미가 있는 걸까? 어쩌면 "인생은 주인공만 진지한 코미디 영화"라는 말은 우리에게 중요한 메시지를 전하는 것 같다. 그건 우리가 겪는 실패와 고민들이 생각보다 그렇게 심각한 것이 아닐 수도 있다는 가능성을 스스로에게 열어준다는 거다. 나만 심각해하지 않고, 한발 뒤로 물러나서 그 사건과 나를 바라보면 인생은 정말 '웃어 넘길 수 있는 코미디 영화'가 될지도 모른다.

지금 당신은 어떤 장면에 머물러 있는가? 폭풍우가 몰아치는 클라이맥스인가, 아니면 모든 것이 끝난 듯한 절망의 순간인가? 그렇다면 이렇게 상상해보자. 몇 년 후에 이 순간을 다시 떠올린다면 어떨까. 모든 장면이 적절히 편집돼 있고, 유쾌한 배경음악과 재밌는 효과음이 깔려 있는 한 편의 영화 느껴질 수도 있다. 그리고 그 장면 앞에서, 당신은 웃으며 이렇게 말할지도 모른다.

"아, 그때는 왜 그렇게 심각했을까? 지금 보니 별거 아닌데 말야."

마지막으로 이렇게 말하고 싶다. 당신은 당신 인생의 주인공이 맞다. 하지만 그 인생이란 영화는 누군가가 보기에 개성 있는 등장인물이 이끌어가는 하나의 웃픈 코미디처럼 느껴질지도 모른다. 그러니 너무 심각할 필요는 없다. 인생이라는 무대는 단 한 번뿐이니, 유쾌하게 즐겨보는 건 어떨까? 이 코미디 영화의 결말은 당신이 어떻게 연기하느냐에 따라 얼마든지 바뀔 수 있는 거니까. 그리고 언젠가 당신의 스토리가 멋진 결말을 맺었을 때, 관객들은 아낌없는 박수를 보낼 것이다. 그 순간, 당신은 진심으로 웃으며 이렇게 말할지도 모른다.

"아, 내 인생, 정말 대단한 코미디 영화였어."

인생 − 힘 = 비로소 보이는 삶

왜 이렇게 어깨가 뻐근하지?

어느 날, 갑작스러운 어깨 통증에 손을 가져다 대며 깨달았다. 아, 내가 몸에 너무 힘을 주고 살았구나. 그렇지 않고서야 이렇게 뭉쳤을 리가 없으니까. 그런데 곰곰이 생각해보면, 힘을 잔뜩 주고 있는 게 몸만이 아니었다. 마음에도, 인생에도 힘이 가득 들어가 있었다.

20대 초반까지 나는 늘 뭔가 애쓰며 살았다. 그래야 뭔가를 얻을 수 있을 것 같았기 때문이다. 더 열심히, 더 잘해야 하고, 그야말로 갓생을 살아야 한다는 강박 속에서 스스로를 몰아붙였다. 물론 나태한 나날들도 많았지만 그러면서도 불안한 감정은 여전했다. 그러다 보니 어떻게 됐을까? 어깨가 뭉친 것처럼, 마음도 근육통으로 지쳐갔다.

그런데 이상한 건, 그렇게 열심히 했는데도 뭔가 만족스럽지가 않았다. 더 많이 애쓰면 더 많이 얻을 줄 알았는데, 기쁨은 찰나고 정작 남는 건 피로와 불안뿐이었다.

결국 몸과 마음이 지칠 대로 지쳤을 때, 문득 이런 생각이 들었다. *혹시 내가 너무 힘을 주고 살았던 건 아닐까?* 그래서 처음으로 힘을 빼보기로 했다. 잘해야 한다는 강박을 내려놓고, 무작정 달리던 걸음을 멈춰 보기로 했다. 그러자 신기하게도, 그제야 많은 것들이 보이기 시작했다.

힘을 빼니 우선 사람들의 표정이 보였다. 전에는 '내가 잘 보여야 한다'는 생각에만 몰두해서 남들의 신호를 놓치기 일쑤였다. 그런데 힘을 빼고 나니 상대의 한숨이나 미소 같은 작고 사소한 신호들이 눈에 더 잘 들어오기 시작했다. 그렇게 그런 신호들을 감지하며 사람들을 대하니, 주변 사람들과 소통도 더 잘 되고 관계는 자연스럽게 더 가까워지게 됐다.

웃음도 마찬가지였다. 진심으로 웃고 싶은 날에도 그게 잘 안 되던 날이 많았다. 그런데 힘을 빼고 나니 별거 아닌 일에도 웃음이 터졌다. 성취도 그렇다. 무언가를 이루기 위해 안간힘을 썼을 땐 실패가 잦았는데, 일단 그냥 되는 대로 해보자는 마음으로 하니 오히려 일이 술술 풀렸다.

혹시 이 글을 읽는 당신도 나처럼 너무 힘을 주고 살고 있지는 않나? 학업에서도, 인간관계에서도, 커리어에서도, 당신 자신에게조차 너무 가혹하게 굴고 있지는 않나? 만약 그렇다면, 이제는 힘을 조금 빼보자. 오히려 당신 인생이 더 잘 풀릴지도 모른다.

물론 힘을 뺀다고 해서 나태해지라는 소리는 아닌 거 알죠? 힘을 빼고 산다는 건 게으름과는 전혀 다르다. 어쩌면 더 큰 용기다. 남들이 부지런하게 쌓아 올리는 성과를 부러워하면서도 나는 나만의 속도로, 나만의 방식으로 나아가겠다고 결심이기 때문이다. 남들이 어떻게 보든 내 마음이 원하는 길을 따라가겠다는 다짐이다.

물론 나도 안다. '힘을 빼라'는 말이 얼마나 어렵게 들리는지. 나도 처음에는 그랬다. 처음부터 완벽히 잘할 수 없듯이, 힘을 빼는 것도 연습이 필요하다. 나는 처음 힘을 빼 봤을 때 너무 힘을 빼버리는 실수를 했다. '누가 뭐라 하든 신경 쓰지 않고 말해야겠다' 싶어서 인간관계에서 사회부적응자처럼 경솔한 발언도 한 적이 있고, 일에서는 아예 손을 놓고 대충 해버리기도 했다. 극과 극을 오간 것이다. 너무 힘을 빼는 것도 너무 힘을 주는 것만큼 안 좋다는 걸 경험으로 깨닫게 됐다. 하지만 이런 극단적인 순간들이 오히려 나에게 '적당히'라는 균형감을 찾게 해줬다. 당신도 그렇게 시작해볼 수 있지 않을까? 처음엔 조금 극단적으로 힘을 빼더라도, 결국엔 자신만의 적정선을 찾게 될 거다. 선을 넘어봐야 적정선도 알 수도 있는 거니까.

그리고 아주 작은 것부터 시작해보자. 잘하려고 애쓰던 과제에 완벽주의를 내려놓고 그냥 되는 대로 해보거나, 좋아하는 사람에게 잘 보이려고 너무 애쓰지 말고 될 대로 되라 식으로 있는 그대로의 당신 모습을 보여줘 보자. 그렇게 힘을 빼다 보면, 당신이 놓치고 있던 것들이 보이기 시작할 거다.

숨 가쁘게 살지 않아도 괜찮다. 잘하지 못해도 괜찮고, 사회가 정한 기준에 나를 끼워 맞추지 않아도 괜찮다. 그저 나답게, 그러니까 내가 제일 편한 모습으로 살아가는 게 더 중요하다고 생각한다. 나 역시 처음엔 두려웠다.

'못 하면 어떡하지? 남들이 날 안 좋게 보면 어떡하지?'

그런데 막상 그렇게 걱정해도 대형사고는 안 일어나더라. 잘하지 않아도, 완벽하지 않아도, 세상은 계속 굴러가고 우리는 우리만의 속도로 살아가면 된다. 힘을 빼면 비로소 보이는 것들이 있다. 그동안 놓치고 살았던 평온과 소소한 행복, 그리고 나 자신. 그리고 내가 진짜로 원하던 것을 얻을지도 모른다.

그러니 이제 몸과 마음에서 힘을 빼보자. 그렇게 살아가는 것이 더 편안하고, 더 평온한 삶으로 나아가는 첫 걸음이 될 테니까.

어차피 매번 역대급일 거니까

* 이 글은 DAY6의 〈역대급〉이라는 노래 가사를 참고하여 쓴 글입니다.
노래를 먼저 듣고 글을 읽어 보길 권해봅니다.

문득 휴대폰 사진첩을 뒤적이다가 몇 년 전의 한 장면에서 멈춘다. 그때가 참 좋았지, 하고 혼잣말을 내뱉는다. 그런데 정말 그랬을까? 그 사진 속의 나는 정말로 행복하기만 했을까? 아니, 솔직히 말하면 그때도 힘들었다. 입시 공부에 치이고, 일하면서 안 들어도 될 욕을 먹고, 심하게 눈치를 보며 안절부절하고, 늘 어딘가 삐걱거렸던 관계들. 그런 날들이었지. 지나간 시간은 항상 지금보다 나아 보이는 법이다. 현재의 고통은 생생하게 피부로 와닿지만, 과거의 고통은 시간이 흐르며 기억의 뒤안길로 사라지기 때문이다.

지금이 늘 제일 힘들게 느껴지는 건 어쩌면 너무도 당연한 일일지 모른다. 〈역대급〉의 노래 가사처럼 '지금이 언제나 제일 힘들어 보여,

그건 변치 않아.' 하지만 '지나고 보면 다 지나간 일 중 하나''일 뿐인데, 왜 이렇게 오늘에만 유난히 민감하게 반응하는 걸까. '*어차피 매번 역대급*'일 거라면, 지금 내가 겪고 있는 고통을 이렇게까지 심각하게 받아들일 필요가 없지 않을까? 지금 이 순간의 역대급 무게에 짓눌려 허우적대기보다, 노래 가사처럼 정신을 단디 차리는 게 더 낫지 않을까?

넘어지는 일이 부끄럽다고 느낄 수 있다. 길을 걷다 발이 걸려 넘어지면, 다리에 힘이 풀리고 손이 바닥에 닿는 순간, 주변의 시선을 의식하게 된다. 마치 모두가 나를 비웃을 것만 같다. 그런데 그 순간이 인생의 끝일까? 아닐 거다. 넘어짐은 '*추진력을 얻기 위함*'이고 잠깐의 멈춤일 뿐이다. 바닥을 딛고 툭툭 털고 다시 일어서는 과정에서 우리는 조금씩 더 단단해진다.

나 역시 인생에서 넘어졌던 기억이 많다. 크고 작은 실패를 수도 없이 경험했지만, 그때마다 다시 일어섰다. 이유는 단순했다. 어차피 계속 걸어가야 하는 길 위에 있었으니까. '*계속 걷는 게 운명이라면, 원하는 대로 가고 싶은 대로 가*' 라는 가사는 그런 점에서 나를 위로했다. 완벽하지 않아도 괜찮다. '*아무리 준비해도 상상도 못한 일이 닥쳐올 거*'라는 걸, 우리는 이미 숱한 경험을 통해서 알고 있지 않나?

그러니 너무 앞서 두려워하지 않고 그저 한 걸음씩 내디뎌 보는 게 낫지 않을까.

사실 우리가 진짜 두려워하는 것은 넘어지는 순간 자체가 아닐지도 모른다. 우리가 두려워하는 건, 혹시 내가 잘못된 방향으로 걷고 있는 건 아닐까 하는 불안감이다. 그러나 기억하자. '*원하는 대로, 가고 싶은 대로 가*' 라는 가사의 메시지는 단순히 방향에 관한 것이 아니다. 그것은 우리가 그 방향을 선택할 자유를 가지고 있다는 뜻이기도 하다. 만약 길을 잘못 들었다고 해도 괜찮다. 그 길 위에서도 배우는 게 분명 있을 테니까. 길을 좀 잃으면 다시 돌아가면 그만이고, 조금 돌아가면 뭐 어떤가. 돌아가는 길 위에서 '*여태 지나쳐 온 풍경이 나쁘지 않아 보일지도 모르는데*'.

20대의 당신은 여전히 수많은 갈림길 앞에 서 있다. 그 길이 어디로 이어질지는 누구도 모른다. 그 불확실함 속에서 방향을 정해 가야 한다. 하지만 중요한 건, 그 길의 끝이 아니라, 그 길을 걷는 과정에 있다. 그 길이 어떤 풍경으로 남을지는 당신의 발걸음이 결정한다. 지나고 나면 지금의 당신도 언젠가 '그래도 꽤 괜찮은 풍경이네'라며 미소 지을 날이 분명 올 것이다.

그러니 너무 겁먹지 말자. 인생이 매번 역대급 순간들의 연속으로 느껴지는 건 어쩌면 당연한 일이다. 아무리 심각한 역대급의 순간들도 결국 지나고 보면 지나간 일 중 하나로 남는다. 어차피 매번 역대급이라면, 가고 싶은 대로 가자.

Keep walking!

나를 믿되 나를 믿지 말자

혹시 이런 경험, 익숙하지 않은가?

새해 첫 날, "진짜 갓생 살아야지"라고 다짐하며 예쁜 다이어리를 샀지만 작심삼일로 끝낸다든지, 나태하게 보낸 하루의 끝에 "내일은 진짜 열심히 한다"라고 외쳤지만 오늘과 다를 바 없는 내일을 맞이한다든지. 아침 일찍 일어나겠답시고 알람을 3개나 맞춰 놓고도 결국 늦잠을 자버리고, 도서관에서 공부하려고 야심차게 챙겨간 책을 받침대 삼아 유튜브와 인스타만 들여다보다가 하루를 보내는 일. 기타 등등 저마다 다양한 경험이 있을 거다. 결심하는 순간에는 뭔가 이뤄낼 것 같은 자신감이 샘솟는데, 왜 시간이 지나면 그 믿음과는 어긋난 결과가 벌어지는 걸까?

우리는 흔히 '나를 믿어라'라는 말을 듣는다. 너 자신을 믿어야 무엇이든 할 수 있다는 말. 물론 그 말은 옳다. 스스로를 믿지 않으면 시작조차 어려우니까. 하지만 문제는 나를 믿는다는 것이 곧 나의 한계를

간과하는 것으로 이어질 때다. 내가 할 수 있다는 능력을 믿는 건 좋다. 믿음은 의지와 능력을 키울 수 있지만, 그 믿음만으로 해결되지 않는 부분이 분명히 있다. 나의 게으른 본성과 나의 나약함, 그리고 실패의 가능성을 무시한 채로 무작정 나를 믿기만 한다면 그 믿음은 결국 나를 배신할지도 모른다. '나는 할 수 있다'는 믿음과 동시에 '나는 할 수 없을지도 모른다'는 진실을 외면해서는 안 된다는 것이다.

그렇다면 우리는 어떻게 해야 나를 믿되, 나를 믿지 않을 수 있을까? 내게 가장 효과적이었던 건, 나의 약점과 한계를 투명하게 인정하는 거였다.

'나는 게으르다.'

'나는 의지가 약하다.'

'나는 때때로 완벽주의가 있다.'

이렇게 솔직하게 나의 일부를 받아들이는 순간, 우리는 더 현실적인 접근법을 시도할 수 있게 된다.

내가 정말 게으르다는 걸 받아들였을 때, 하루를 작은 조각으로 쪼개어 나누기 시작했다. '하루 3시간 공부하기'라는 거창한 목표 대신, '30분 동안 집중 6번 하기'같은 실현 가능한 목표를 세웠다. 내가 의지가 약하다는 걸 알았을 때는 나를 믿기보다 **'시스템'을 믿는**

방식을 택했다. 예를 들어 도서관에서 10시부터 5시까지 글쓰기를 하거나, 친구와 약속을 잡아 억지로라도 카페에 가서 공부를 시작하게 만드는 식이다.

나는 더 이상 '이번엔 다를 거야'라는 말을 나 자신에게 하지 않는다. 대신, 내가 실패할 가능성까지 포함한 계획을 세운다. 게으른 나를 위한 맞춤 솔루션을 준비한다. 그런 준비는 나를 과신하는 것보다 훨씬 더 나를 신뢰하게 만든다.

나를 믿는다는 것은 결국 '나를 과신하지 않는 것'이다. 내가 반드시 성공할 거라는 막연한 낙관이 아니라, 내가 실패할 가능성까지 포함한 나 자신을 인정하는 것. 이 현실적인 믿음이야말로 나를 움직이는 진짜 동력이 된다.

누군가는 이런 과정을 두고 자신감을 깎아내리는 일이라 생각할지도 모르겠다. 하지만 나는 오히려 이 과정을 통해 더 큰 자신감을 얻었다. 내가 나의 한계를 알게 되었고, 그 한계를 넘어설 방법을 찾게 되었기 때문이다. 그리고 그 한계를 넘어보는 경험까지 성취하니 자신감은 부산물처럼 따라왔다.

세상에 완벽한 사람은 없다. 우리 모두는 각자의 방식으로 넘어지고 실패하며, 그 과정에서 조금씩 배워간다. 중요한 건 나를 어떻게 다룰지 아는 것이라 생각한다. 나를 믿는다는 건, 내가 완벽하지 않음을 받아들이고, 그럼에도 불구하고 앞으로 나아가게 만드는 힘이다. 내가 게으를 수도 있고, 쉽게 포기할 수 있는 사람이란 걸 알기에 진짜 나를 위한 준비를 시작할 수 있을지 모른다.

'나는 할 수 있어'라는 의지와, '나는 할 수 없을지도 몰라'라는 현실을 동시에 품는 것. 이 두 가지를 함께 껴안는 것이 진정한 자기 믿음이 아닐까? 완벽하게 균형을 잡기란 어려울지도 모른다. 하지만 그 균형을 찾아가려는 과정에서 우리는 더 성숙해질 수 있다.

20대의 나는 지금 나의 가능성과 한계를 함께 바라보는 법을 배우고 있다. 그리고 그것이야말로 나를 더 나은 방향으로 이끄는 힘이라고 믿는다. 이 글을 읽는 당신도 자신만의 균형을 찾아가기를 바란다.

"나를 믿되, 나를 믿지 말기를."

기대지 않고 홀로서기까지

어릴 적, 넘어지는 건 당연한 일이었다. 두 발로 걷기 시작한 아이가 비틀거리며 넘어지면 부모는 곧장 손을 내밀어 일으켜 주며 말했다. "괜찮아, 다시 걸어보자." 그렇게 우리는 도움을 받으며 일어나는 법을 배웠다. 하지만 나이를 먹고, 세상을 살아가다 보면 어느 순간 깨닫게 된다. 이제는 넘어지면 스스로 일어나야 한다는 것을.

넘어질 때마다 우리는 묻는다. "앞으로 얼마나 더 넘어져야 할까?" 매번 새로운 실패 앞에서 다짐한다. 이번엔 덜 아프게, 더 빨리 일어나겠다고. 하지만 현실은 다르다. 넘어진 자리에서 한동안 가만히 주저앉아 있고 싶을 때가 있다. 지친 몸을 혼자 힘으로 일으킬 자신이 없을 때, 누군가의 손길이 간절해진다. 누군가의 위로나, 책 속의 한 문장, 아니면 곁에 있어 주는 사람의 존재만으로도 다시 걸을 용기를 얻을 때가 있다. 그런 순간에 누군가에게 기대고 싶은 마음은 너무나 자연스러운 것이다.

그런데 한 가지 생각해보자. 만약 그 도움조차 없을 때는 어떻게 해야 할까? 언제까지고 손가락 쪽쪽 빨며 누군가의 손길만을 기다릴 수는 없다. 넘어진 자리에서 고개를 들어 둘러봐도 아무도 없다면, 결국 우리는 스스로 일어설 방법을 배워야 한다는 사실과 마주하게 된다.

영화나 소설 속 주인공들 역시 마찬가지다. 그들은 위기의 순간마다 꼭 조력자가 나타나 도움의 손길을 받는다. 하지만 결국에는 주인공은 혼자서 문제를 해결하고, 스스로의 힘으로 다음 단계로 나아가는 순간과 마주한다. (혹은 마주해야만 한다.) 그들의 이야기가 깊은 인상을 남기는 건, 바로 이 홀로서기의 순간에서다. 의지를 발휘해 스스로 고난을 헤쳐나가는 것은 주인공의 성장이라는 결말의 필수적인 과정이기 때문이다.

현실에서도 우리는 비슷한 과정을 거친다. 처음에는 누군가에게 기대는 일이 큰 위로가 된다. 하지만 의지할 곳이 없다고 느끼는 순간, 우리는 혼자 일어서는 법을 배우게 된다. 배우지 않고는 안 되니까. 물론 그 과정은 쉽지 않다. 혼자라는 사실이 외롭고 막막하게 느껴질 때가 많다. 나 또한 버거웠다. 넘어질 때마다 끊임없이 누군가를 찾아 헤맸다. 가까운 가족부터 시작해 음악, 영화, 책,

유튜브 영상에 기대어 마음을 달래곤 했다. (솔직히 술과 담배는 싫어하기도 하지만 시작하면 멈출 수 없을까봐 하는 두려운 마음에 손 대지 않았다.) 그러다 깨달았다. 이 모든 도움은 일시적일 뿐, 영원할 수는 없다는 것을. 결국에는 나 스스로 일어서야 한다는 진실과 마주했다.

혼자 일어선다는 것은 단순히 도움을 거부하는 것이 아니다. 내가 도움을 받을 자격이 없다고 느끼는 것도 아니다. 오히려 스스로에게 기회를 주는 것이다. 내가 내 삶의 주체라는 것을 인정하고, 내 안에 있는 힘을 발견하는 과정이다. 그리고 나 자신이 나의 구원자가 될 수 있다는 사실을 받아들이는 것이다. *"내가 혼자 해낼 수 있을까?"* 하는 두려움을 넘어, "나 혼자서도 해낼 수 있구나"라는 믿음을 쌓아 가는 일이다.

혼자 일어서는 법을 터득하고 나면, 의지할 누군가가 있을 때조차 그저 온몸을 내맡기지 않게 된다. 누군가 손을 내밀어 줄 때 그 손을 잡더라도, 그것이 나의 유일한 선택지가 아님을 알게 된다. 내 두 손으로 땅을 짚고 천천히 올라설 힘이 내 안에 있다는 걸 믿게 된다.

당신은 지금 어디에 기대고 있는가? 그리고 그것 없이는 정말로 스스로 일어설 수 없다고 생각하는가? 처음에는 어렵고 두려울 수 있다. 하지만 혼자 일어나는 법을 익히고 나면 알게 될 것이다. 내 마음 속에도 충분한 힘이 존재한다는 사실을. 그 힘은 당신을 앞으로 나아가게 할 것이다.

  기대지 않고 홀로 서는 것, 그것은 단순히 독립을 의미하지 않는다. 그것은 당신을 진정한 '자유'로 이끄는 시작일지도 모른다. 그리고 그 자유 속에서 당신은 당신의 삶을 스스로 이끌어 갈 '힘'을 언젠간 발견하게 될 것이다.

머리에서 가슴으로 알기까지

세상이 좋아졌다. 요즘은 궁금한 게 있으면 웬만하면 거의 모든 것을 쉽게 찾아볼 수 있다. 검색창에 손가락 몇 번만 두드리면 필요한 정보가 눈앞에 쏟아진다. 다이어트 꿀팁, 인간관계 팁, 부업 성공 사례, 멘탈 관리 방법 같이 실용적인 내용부터 마음의 평화를 얻는 법까지, 우리는 원하는 것을 금세 '알게 된다.' 그런데 말이다. 정말로 "안다"고 말할 수 있을까?

누군가 내게 물었다.

"너 진짜 알고 있는 거 맞아?"

순간 뜨끔했다. 머리로는 알고 있다고 생각했던 내용이었지만, 막상 설명을 하려니 말이 막히는 경우가 수두룩했다. 더군다나 행동으로 옮기지도 못한 적도 많았고. "부정적인 생각 하지마라"라는 흔한 조언도 막상 부정적인 상황이 닥치면 머릿속은 부정적인 생각으로 가득 찼다. "네 감정을 억누르지 말고 솔직하게 표현하라"라는 말 역시 쉽지 않았다. 화가 날 땐 감정을 숨겼고, 속상할 때는 무표정으로 얼버무리곤 했다. 알고는 있었는데, 정작 그걸 내 삶에 적용하지 못한 것 같다. 이 외에도 "남 눈치 보지마라", "하고 싶은 거 하고 살아라", 등등. 이런 흔하고 옳은 말은, 말은 쉽지 막상 행동하기는 어려웠다.

머리로 아는 건 쉽다.

하지만 그걸 삶에 녹여내는 건 완전히 다른 차원의 일이다.

그렇다고 머리로만 아는 게 무의미하다고 생각하지는 않는다. 아무것도 모르는 것보다는 낫지 않은가. 머리로라도 아는 건 시작이고, 그 알음알음이 행동으로 바뀔 날이 언젠가 올지도 모르는 거니까. 비록 지금은 이해가 잘 안 되는 말이라도, 어느 날 문득 그 말이 나를 깨우는 순간이 올지도 모르는 거니까.

나는 머리가 똑똑한 편은 아니라 어떤 조언을 처음 들으면 금세 잊어버리기 일쑤다. 하지만 비슷한 내용의 조언을 두 번째 들었을 땐 '이거, 전에 들었던 건데?'라는 생각이 든다. 세 번째 들으면 그제야 이해가 되면서 '이렇게 반복해서 말할 정도면 중요한 거구나'싶어 그 말을 되새기게 된다. 그리고 네 번째, 다섯 번째 반복되면 어느 순간 그 말이 내 안에 자리 잡기 시작한다. 그러니 잊어버려도 괜찮다. 필요한 순간이 되면 그 말이 다시 떠오르고, 그때 비로소 가슴으로 받아들일 수도 있을 테니까.

그렇지만 마냥 기다리는 것보다 당장 실천할 수 방법을 알고 행하는 걸 원하지 않나? 그런 의미에서, 머리로만 아는 것을 가슴으로 알게 하는 과정에서 내가 효과를 봤던 두 가지 방법을 소개하고 싶다.

【 첫째, 낭독하기 】

책이나 글에서 감명 깊은 내용을 입으로 소리 내어 읽어보는 것이다. 단순히 눈으로 읽고 넘어가는 것과 달리, 직접 소리 내어 말하면 그 문장이 내 잠재의식에 새겨진다. 한 때 나도 책을 읽으면 인상 깊은 문장을 낭독하는 습관을 들였다. 처음엔 조금 어색했지만 시간이 지나면 책에서 읽었던 문장이 마치 내 머릿속에 스며들지 않을까 하는 기대감에 계속 해왔다. 이때 배우들이 대본 리딩 하듯이 톤을 자유자재로 바꾸며 실감나게 낭독하면 효과는 배가 된다. 훗날 그 문장들은 시간이 지나 필요할 때 불쑥 떠올라 나를 돕곤 했다.

【 둘째, 익히기. 】

그러니까 머리로 외우는 것이 아니라 몸으로 익히는 것이다. 복싱을 배울 때 코치님이 해 주셨던 말이 있다. "머리로 외운다 생각하지 말고 익힌다고 생각하면 더 잘 될 거예요." 그 말대로 같은 공격 동작을 반복해서 익혀보니 시간이 지났음에도 머리보다 몸이 먼저 반응해 금방 출력이 됐다. 삶의 조언도 이것과 비슷하지 않을까? 반복해서 부딪치고, 실패하고, 다시 도전하는 과정에서 우리는 몸으로, 마음으로 배운다.

이 두 가지 방법을 통해 나는 머리에서 가슴으로 앎을 옮기는 과정을 조금씩 연습했다. 하지만 중요한 건, 그 과정에 '시간'이 필요하다는 사실이다. 어떤 깨달음은 단박에 이뤄지지 않는다. 고(故) 김수환 추기경께서 "사랑이 머리에서 가슴으로 내려오는 데 칠십 년이 걸렸다"고 하셨던 말씀처럼 말이다. 평생을 사랑을 실천하며 살아왔음에도 머리가 아닌 가슴으로 완전히 받아들이기까지 칠십 년이 걸렸다는 고백은 우리에게 큰 위로가 된다. 한편으로는 사랑하는 일이 얼마나 쉽지 않은 일인지 새삼 깨닫게 한다.

사랑이 아니라도 머리가 아닌 가슴으로 아는 것은 원래 어려운 일이 맞다. 어떤 조언은 수십 번 반복해서 들어야 겨우 내 것이 된다. 실패와 좌절을 거쳐야 비로소 가슴으로 느껴지기도 한다. 그러니 지금 당장 가슴으로 알지 못한다고 해서 조급해 하거나 자신을 탓할 필요는 없다. 머리로만 알고 있어도 괜찮다. 그 지식은 훗날 우리의 행동을 변화시키는 발판이 될 테니까.

결국 머리에서 가슴으로 내려오는 데 필요한 건 **경험**이다. 더 많이 부딪치고, 더 많이 시도하고, 더 많이 실패하면서 그 과정을 몸으로 겪어내야 한다. 그러다 보면 어느 날, 그동안 머리로만 알았던 것이 가슴속에 녹아들어 내 일부, 내 삶이 되어 있을지도 모른다.

그러니 조급해하지 말자. 그리고 계속해보자. 몸으로 기억한 지식만이 진짜 우리의 삶을 바꿀 수 있으니까.

복세단살

과제가 산더미처럼 쌓이고, 인간관계는 꼬이고, 내가 선택한 길이 맞는지 의심이 들 때가 있다. 모든 것이 내 뜻대로 되지 않는다고 느껴지는 순간들. 그런 날엔 내 머릿속이 너무 복잡하게 돌아가고 있다는 걸 깨닫는다. 그리고 문득 이런 생각이 든다.

'얜 왜 이렇게까지 인생을 힘들게 살지?'

혹시 당신도 이런 생각 해본 적 있지 않은가?

머릿속이 복잡할 때, 세상 모든 일이 더 엉망처럼 느껴진다. 가야 할 길은 많은데, 어느 길로 가야 할지 모르겠는 기분. 스스로를 끊임없이 몰아붙이는 내 모습이 가끔은 안쓰럽기까지 하다. 이런 순간에 필요한 건, 아마도 '단순함'일지 모른다.

리처드 칼슨의 말이 떠오른다.

"당신이 자신을 어떻게 생각하는지는 중요하지 않습니다.
다른 사람들은 당신을 그렇게 심각하게 생각하지 않습니다."

생각해보면 그렇다. 우리는 타인을 그렇게 심각하게 생각하지 않는다. 다들 자기 삶 사느라 바쁘지. 우리가 실수하거나 망쳐도, 대부분은 잠깐 흘려 보고 금세 잊어버린다. 하지만 우리는 어떤가? 머릿속에서 그 장면을 몇 번이나 되감으며 자책에 빠지고 곧장 심각해진다.

이럴 때면 난 책 한 권을 떠올린다.

『창문 넘어 도망친 100세 노인』

주인공은 무려 100세의 나이에 양로원 창문을 넘어 도망친다. 그의 인생은 황당한 블랙 코미디 그 자체다. 실수로 사람을 죽이고, 각국의 정치적 인물들과 얽히고설키며, 온갖 믿기 힘든 사건에 휘말린다. 그런데도 그는 단 한번도 심각해지지 않는다. 어떤 문제가 생겨도 "허허, 그럴 수도 있지"하며 흘러가는 강물처럼 살아간다.

우리에게도 그런 태도가 필요하지 않을까? 중요한 발표에서 실수 좀 했다고, 말 한 마디 잘 못했다고 모든 걸 끝장난 것처럼 느낄 필요는 없다. 100세 노인이라면 분명 이렇게 말했을 거다.

"허허, 그럴 수도 있지!"

물론, 정말 심각하게 느껴지는 일들도 있다. 사랑하는 이의 죽음, 예상치 못한 사고, 원치 않던 문제에 휘말리는 상황들. 하지만 이런 일들조차 지나치게 심각하게 받아들이면 우리의 판단력은 더 흐려지고,

상황은 더 꼬일지도 모른다. 이럴 때일수록 복잡한 문제를 단순하게 풀어내는 힘이 필요하다.

단순하게 산다는 건 생각 없이 아무렇게나 살자는 뜻이 아니다. 오히려 가장 중요한 것에만 집중하자는 의미다. "지금 당장 내가 할 수 있는 건 뭘까?"라고 생각하며 너무 멀리 보지 않고, 앞으로 한 걸음씩 내딛는 거다.

과제가 산더미라면 한 장씩 해결해보자. 인간관계가 꼬였다면 그 사람과 솔직하게 대화해보자. 진로에 대한 고민이 깊어졌다면 내가 좋아하는 일부터 작게 시작해보자.

삶은 때때로 너무 복잡하다. 하지만 그 복잡함 속에서도 길을 잃지 않으려면, 우리에게 필요한 건 단순함일지 모른다. 모든 걸 다 잘하려고 애쓸 필요는 없다. 실수 좀 했다고 해서 인생이 폭싹 무너지는 건 아니니까.

그러니 우리 모두 가볍게 허허 웃으며 이렇게 말할 수 있기를 바란다. "복잡한 세상, 단순하게 살자!"

괜찮아, 안 죽어

가끔 친구들과 우스갯소리로 던지는 말 중에 이런 게 있다.

"괜찮아, 안 죽어."

보통 남자들이 과격한 장난이나 대담한 시도를 하면서 서로를 독려할 때 쓰는 말이다. 그런데 이 단순한 말이, 때로는 인생이라는 긴 여정에서도 필요한 위로처럼 들린다.

복싱 만화 〈TEN〉에서 나온 대사가 문득 떠오른다.

"똑바로 봐. 안 죽어. 봐야 피할지, 때릴지 판단할 수 있어."

단순하지만 강렬한 메시지다. 누군가 나를 쓰러뜨리려 할 때 가장 먼저 해야 할 일은 그 주먹을 똑바로 바라보는 일이다. 봐야 그 주먹을 피할지 아니면 맞받아칠지 판단할 수 있다. 무언가 나를 넘어뜨리려 할 때도 마찬가지다. 눈을 감고 피하는 게 아니라 눈을 떠서 상황을

'직시'하는 것이 가장 중요한 첫 걸음이다.

내 이야기를 하나 해볼까?

나는 썰을 잘 못 풀지 못한다. 친구들 앞에서 이야기를 시작하면, 상대의 반응을 살피지 않고 머릿속 기억을 더듬으며 말하기 바쁘다. 그러다 보니 이야기가 길어지고, 상대방은 점점 흥미를 잃는다. 문제는 내가 그걸 *모른다* 는 거다. 상대방이 하품을 하는지 경청을 하는지 모르고 놓칠 때가 많았다. 상대의 반응을 두려워한 나머지 아예 눈을 마주치지 않았기 때문이다. 눈을 마주치고, 분위기를 살피고, 반응이 좋지 않다면 바로 방향을 트는 게 맞는 건데 말이다.

'아, 지금 얘기를 너무 질질 끌고 있나? 얼른 노선을 틀어야겠다.' 이렇게 반응을 보고 판단했더라면 이야기가 망하는 일은 덜했을 거다. 하지만 반응을 무시한 채 일방적으로 풀어내다 보니, 이미 상대는 '아, 노잼. 언제 끝나나'하는 생각을 하고 있었을지도 모르는 일이다. 어쩌면 내가 썰을 잘 못 푼다는 걸 스스로 잘 알고 있어서 차마 상대의 반응을 살피는 게 두려워서 눈을 피했던 것도 있는 듯하다. 상대방을 바라보고 반응을 살피는 과정이 없으면, (썰풀기에) 실패한 이유조차 모르고 반복하게 된다.

인생에서의 넘어짐도 비슷하다. 넘어지는 게 두려워서 상황을 외면하기만 하면, 넘어지게 된 이유조차 모른 채 같은 실수를 반복하게 된다. 잠시 짚고 넘어가자면, '넘어짐'이란 단순히 발이 엉켜서 넘어지는 일만을 뜻하지 않는다. 마음이 꺾이고, 계획이 틀어지고, 관계가 어긋나는 모든 순간이 넘어짐이다. 그리고 그때마다 우리는 두 가지 선택지 앞에 놓인다.

【 눈을 감고 외면할 것인가, 아니면 눈을 떠서 바라볼 것인가. 】

넘어지게 한 원인과 상황을 바라보는 것. 나는 후자를 선택하는 것이야말로 넘어짐을 현명하게 겪어내는 첫 걸음이라 생각한다.

만약 누군가가 나를 일부러 넘어뜨리려 했다면? 그 순간을 마주하는 게 두렵다고 고개를 돌리고 눈을 질끈 감는다면, 똑같은 이유로 또 넘어질 가능성이 크다. 반대로 똑바로 보고 그 상황을 직시한다면, 다음에는 어떻게 피하거나 대응할지 판단할 수 있다. 그리고 이 과정에서 우리는 단순히 넘어지지 않는 방법뿐만이 아니라, 넘어지더라도 덜 아프게 떨어지는 방법까지도 배울 수 있다.

우리가 넘어졌을 때 중요한 건, 얼마나 아픈지 느끼고 있는 게 아니라, 그 자리에서 뭔가 하나라도 배우는 것이다. 넘어지는 게 두려워서 아무것도 시도하지 않는 삶보다는, 차라리 넘어지더라도 내가 어디에서 삐끗했는지 이유를 깨닫고 다음을 준비하는 삶이 더 가치 있지 않을까? 사실 가치고 뭐고 그게 더 '생존'에 유리한 전략이 맞다고 생각한다.

사실 세상은 끊임없이 우리를 넘어뜨리려 한다. 심지어 우리 자신이 스스로를 넘어뜨리게 하는 순간도 적지 않다. 치열한 경쟁에 지치게 하고, 실패를 두려워하게 하고, 우리 자신의 가능성을 의심하게 만든다. 그럼에도 불구하고 넘어졌던 그 자리에서 눈을 뜨고, 다시 일어나겠다고 결심할 수 있다면, 그것만으로도 우리는 이미 한 걸음 성장한 셈이다.

20대라는 시기는 특히 넘어짐이 많은 시기다. 진로, 인간관계, 자존감 등등 모든 게 처음이라 더욱 낯설고 혼란스럽다. 하지만 성적이 떨어졌다고, 면접에서 수십 번 떨어졌다고, 좋아하는 사람이 나를 거절했다고 해서 인생이 끝나는 건 아니다. 그리고, *절대 죽지도 않는다.*

그러니 이 말을 떠올려 보자.

"괜찮아, 안 죽어."

그 힘든 순간을 넘기고 나면, 뒤돌아보며 이렇게 말할 날이 올지도 모른다.

"그땐 정말 힘들었는데, 결국 이겨냈구나.

다음에도 마냥 지고 있지만은 않겠다."

넘어지는 순간은 부끄러운 게 아니다. 오히려 인간이라면 누구나 겪는 자연스러운 성장의 과정이다. 그 자리에 너무 오래 주저앉지 않고, 두 눈을 뜨고 다시 일어설 용기를 낼 수 있다면, 이미 충분히 잘하고 있는 거다.

그러니 괜찮다. 넘어져도 괜찮다. 그리고 다시 한번 말하자.

"괜찮아, 안 죽어. 똑바로 보고, 다시 걸어가자."

To. (   )

  안녕은 하니. 안녕했으면 좋겠는데. 또 넘어졌구나. 아프지. 아플 거야. 기분도 뭣 같지. 넘어지지 않으려고 애도 써봤지만, 결국 넘어져 버렸으니 더 속상하지. 아픈 건 익숙해지지 않으니까. 매번 새롭고, 매번 힘들잖아.

  이번 불행은 좀 다르다고 느끼고 있지? 그래서 흐린 날이 끝도 없이 계속될 것 같다고 생각하고 있을지도 몰라. 그런데 기억해봐. 이전에도 끝이 안 보이던 날들이 결국은 지나가지 않았어? 희미하게나마 빛이 보였던 순간들, 그리고 마침내 화창했던 날들. 분명히 있었잖아. 긴 터널이 끝나는 순간은 와, 반드시. 이번 불행이 특별한 거라 여기지 않고, 그 불행을 굳이 붙들지 않는다면, 이것도 결국 지나갈 거야. 억지로 행복하려고 발버둥치지 않아도 괜찮아. 지금의 그 불행은 여느 불행과 다르지도 특별하지도 않을지 몰라. 정도의 차이는 있을지언정.

나도 크게 넘어졌던 적이 있지. 그때는 정말 *끝났다*고 생각했어. '이번엔 다르다. 이번엔 정말 끝이야.' 그렇게 느꼈어. 그런데 어땠게? 그때도 결국 지나갔잖아. 귀신같이 다시 살아가고 있잖아? 그리고 지나고 나서 보니까, 그 모든 순간들이 나를 조금씩 바꿨고, 뭔가를 가르쳐줬어. 그렇지만 또 넘어질 때마다 아프고 두려운 건 여전히 똑같더라. 경험이 있다고 해서 덜 아픈 것도 아니고, 아픔은 언제나 새로운 얼굴로 찾아오니까.

그래서 지금 아프다면, 그냥 아픈 대로 있어도 돼. 아픔은 아픔대로 두는 게 정답일 때도 있더라. 억지로 나아지려고 애쓰지 않아도 돼. 억지로 밝은 척하려고 무리하지 않아도 괜찮아. 오히려 그런 강박이 더 깊은 구렁텅이에 빠지게 하더라고. 지금의 아픔이 특별한 게 아니라는 것부터 받아들여 보자. 어떤 불행이든, 그것을 붙잡고 있지 않는 게 더 필요할 때도 있는 것 같아. 그러니 이 불행이 특별하다는 생각부터 내려두는 건 어떨까? 어떤 불행이든 그것을 붙잡고 있지 않는 것, 그리고 억지로 행복하려고 발버둥치지 않는 것. 이게 지금의 너에게 제일 필요할지도 모르겠어.

그리고 성찰이고 뭐고 지금은 생각 많이 하지마. 성찰은 나중에 해도 충분해. 지금 네 머리론 똥멍청이 같은 생각밖에 못해. 장담컨대, 지금 네 지능은 돌고래 지능일 거다, 아마. 그 지능으로 하는 생각이 과연 믿음직할까? 그러니까 혼자 생각하고 혼자 판단하고 혼자 결정 내리지 마. 세상엔 모르는 게 더 많고, 그걸 다 이해하려고 하는 건 오히려 널 지치게 할 뿐이야. 모든 걸 다 알 필요는 없어. 그리고 다 알 수 있는 것도 아니고. 지금은 그냥 "내가 아는 만큼만 알고, 보이는 것만 보고 사는 것도 충분하다"는 생각으로 스스로를 덜어내보자.

내가 지금 너에게 바라는 건, 너가 꼭 행복해지길 바라는 게 아냐. 물론 행복해지면 더할 나위 없이 좋겠지. 하지만 그보다 더 소박한 바람이 있어. 그냥 '살 만하다'고 느끼는 날이 오길 바랄 뿐이야. 잠 못 이루던 날들 사이에서 하루라도 푹 잠들 수 있는 밤, 입맛 없던 날들 속에서 맛있는 걸 먹고 감탄할 수 있는 순간, 뭘 봐도 웃음이 안 나던 나날들 사이에서 오랜만에 만난 친구들과 함께 푸하하 웃음지을 수 있는 날. 그런 순간들로 너의 남은 날들이 채워지길 진심으로 바라.

이 편지를 쓰는 나는 네가 지금 어떤 상황에 있는지, 무슨 감정으로 이 편지를 읽고 있을지 정확히 알지는 못 해. 하지만 한 가지는 확실히 말할 수 있어. 결국 *"다 지나 갈 거야."* 지금은 믿기 힘들겠지만, 정말로 괜찮아질 거야. 긴 터널 끝에는 반드시 빛이 있어. 지금은 그 빛이 보이지 않아도 괜찮아. 머지 않아 보이기 시작할 테니까. 그때까지 한 발짝, 아니 반 발짝이라도 앞으로 나아가보자. 아님 지금 너무 힘들면

'잠시' 주저앉아 있어도 괜찮아. 근데 너무 '오래' 앉아 있는 건 경계해 보자. 지금 네 시간, 네 청춘 얼마나 귀하냐. 그리고 앞으로 또 넘어지더라도 앞으로 넘어져. 그러면 결국엔 나아간 셈이잖아?

마지막으로 이 말을 전하고 싶어.

"넘어지면 뭐 어때!

좀 주저앉았다가

다시 일어나면 그만이야!"

To. 앞으로 수없이 넘어질 20대의 '나'에게

From. 수없이 넘어졌던 20대의 내가

NEW 인생 2막을 위해!
To be continued

　내가 앞에서 지겹도록 말했던 말이 있다. 거의 외울 정도로 들었겠지만, 진짜 마지막으로 다시 한번 말해보려고 한다. 나는 전에도 넘어졌고, 지금도 넘어지고 있으며, 앞으로도 넘어질 거다. 이 말의 핵심은 하나다. 그러니까 나는 계속 도전하며 부딪치며 살아갈 거라는 뜻이다. 넘어짐은 실패의 흔적이 아니라, 도전의 증거니까.

　사실 지금의 나는 뭔가 대단한 성취를 이뤘거나, 성공한 사람은 아니다. 그렇지만 이 글을 통해 당신에게 이렇게 말할 수 있는 이유는 이제 나는 두려움을 받아들이는 법을 조금은 알게 되었기 때문이다. 두려움이 없는 상태를 기다리는 대신, 두려움과 함께 걷는 법을 배웠다고 할까.

【넘어지지 않는 게 중요한 게 아니라,

넘어질 때마다 다시 일어나는 힘을 기르는 게 중요하다】는 걸

나는 이제야 배웠다.

넘어짐은 곧 걸으려고 했다는 뜻이고, 걸으려는 사람만이 넘어질 수 있는 거니까. 넘어졌다는 건 내가 멈추지 않고 앞으로 나아가려 했다는 증거다. 그리고 그 도전의 흔적은 내 삶의 가장 자랑스러운 부분이기도 하다.

물론 나도 안다. 넘어지는 게 결코 쉬운 일은 아니라는 걸. 실패의 순간은 정말 아프다. 누군가는 "별 거 아니야, 다시 하면 되지"라고 쉽게 말할지도 모른다. 하지만 어떤 넘어짐은 내 모든 자존감을 바닥까지 끌어내릴 만큼 아프고, 나를 한없는 절망에 빠져들게 할 때도 있다는 걸 우리는 모두 알고 있다. 그렇지만 그 순간에도 중요한 건 결국 *다시 일어나는 선택을 한다*는 것에 있다. 넘어졌다는 건 곧 무언가를 이루기 위해 시도했었다는 뜻이고, 그 자체로도 이미 대단한 일이다.

그래서 나는 이제 두려움을 내 삶의 '기본값'으로 받아들이기로 했다. 두려움은 늘 나와 함께 있지만, 그 두려움 속에서도 걸을 수 있다는 걸 배웠다. 나는 여전히 두렵지만, 두려움을 피하려 하지 않고

함께 살아가며 한 걸음씩 앞으로 나아가고 있다. 아마 인생의 2막은 그렇게 열리는 거겠지. 두려움을 안고도 계속 걸어가는 그 과정 속에서 말이다.

지금 나는 또다시 새로운 도전을 준비하고 있다. 이 길이 어디로 향할지, 내가 어떤 모습으로 끝을 맺게 될지는 알 수 없다. 그 불확실함이 때로는 무섭기도 하지만, 동시에 묘한 설렘을 주기도 한다. 처음 대학교에 지원서를 내던 날, 공들여 만든 결과물을 공모전에 제출하던 날, 좋아하던 사람에게 처음으로 마음을 고백하던 날. 떨리면서도 기대가 됐던 그런 순간들처럼 말이다. 두려움과 설렘이 교차하는 그 길 위에 나는 다시 섰다.

당신도 알았으면 좋겠다. 도전하고 넘어지고 다시 일어나는 일이야말로 우리 삶의 기본값이라는 걸. 넘어지지 않으려다 결국 아무것도 시도하지 못하는 게 훨씬 큰 후회로 남을 거라는 걸 말이다. 그러니 부디 두려워하지 말고 한 발자국 내디며 보자. 완벽하지 않아도 괜찮고, 속도가 느려도 괜찮다. 중요한 건 우리가 다시 일어날 준비를 하고 있다는 그 사실이다.

마지막으로, 이 말을 전하고 싶다.

"넘어짐은 끝이 아니라 시작이다."

땅바닥에 주저앉아 있는 동안, 오히려 우리 삶에서 정말로 중요한 것이 무엇인지 더 선명히 보일 때가 있다. 그리고 어디로 가야할지 더 명확히 알아차릴 때도 있다. 넘어짐이 아픔만 주는 게 아니라 우리를 더 단단하게 만들어줄 때가 있다. 그리고 나중에 돌아봤을 때, "그때 넘어져서 다행이다. 덕분에 지금의 내가 있으니까"라고 말할 날이 올지도 모른다.

그러니 넘어짐을 두려워하지 말자. 넘어졌다는 건 도전했다는 뜻이고, 그 자체로도 이미 충분히 멋진 일이니까. 두려움을 알고도 내딛는 그 한 걸음이 결국 우리의 인생 2막을 펼쳐줄 것이다. 그 길 위에서 만날 당신의 멋진 모습을 진심으로 응원한다.

SEE U!

에필로그

혹시 당신도 주위에서 당신을

'물가에 내놓은 아이'처럼 보는 사람이 있는가?

나는 그랬다.

그런데 이제는 그렇게 생각하시는 분들에게

한 말씀 남기고 싶다.

이제는 큰 걱정 마시길 바란다고.

잘 하고 있다고.

그동안 애정 어린 관심들 덕분에 한 걸음 성장했다고.

앞으로 또 넘어질 수 있겠지만,

아니 분명 넘어지겠지만,

언젠가는 분명 일어서 있겠죠?

그러니

너무 걱정 어린 시선으로 보지 말고

또 넘어지는 '나'를 본다면

그런 '나'를 묵묵히 믿어 주길 바란다.

그때의 '나'는 툭툭 털고 일어나는

넘어져도 오뚝이 정신으로 일어나는 강한 20대일 테니까.

역경을 거꾸로 하면 경력이라는 말처럼,

무수한 넘어짐 속에서 단단함이라는 스펙을 가진

내가 그리고 우리가 못 이겨낼 건 거의 없을 테니까.

어느 정도

강한 딸이자

강한 동생이자

강한 누나이자

강한 친구이자

강한 여자이자

강한 사람이

넘어지는 것도 스펙이다

[20대, 일찍 실패하는 전략]

발행일 2025년 4월 29일

지은이 김현지
기 획 김현지
편 집 김현지
펴낸곳 우안개스튜디오
출판등록 제 2025-000019호 (2025년 4월 7일)
이메일 bigfishinpond@naver.com

ISBN 979-11-992472-9-1(03810)
값 13,500원

* 저작권법에 의해 보호를 받는 저작물이므로 무단 전재와 무단 복제를 금합니다.